仕事に押し潰されず，スマートに学校を動かす！

玉置 崇

「超」スクールリーダーのための時間術

明治図書

はじめに

　明治図書の矢口さんから，「『超』時間術」というキーワードを示され，「本を書いていただけませんか？」と言われたときに，「すでに多くの時間術本が出されているのに…」と思いました。
　しかし，あらためて考えてみると，学校現場，特に「スクールリーダー」を対象とした時間術本は目にしたことがないな，と思い直しました。
　また，まわりから，「玉置先生は，いったいどのようにしてあれだけの仕事をこなしているのですか。時間の使い方などに秘密があるはずです。今度は，それを本に書いてくださいよ」と，リクエストをいただいていたことを思い出しました。
　ご要望をくださった方々，お待たせしました。「仕事に押し潰されず，スマートに学校を動かす！　スクールリーダーのための『超』時間術」というタイトルの本書を，世に出すことができました。

　振り返ってみれば，教務主任や研究主任など，スクールリーダーという立場になってから，一気に仕事が増えて，時間をうまく使って取り組まないと仕事に押し潰されてしまう状況になりました。教頭職6年，校長職6年という管理職の12年間は，さらに業務が増え，厳しい日々を送りました。

　私は，根っからのプラス思考人間です。大変な状況になればなるほど，「アイデアを出して乗り切る機会を与えていただいたのだ」と思い，それぞれの立場でいろいろな工夫をしてきました。そうした工夫をまとめたのが，本書です。

　さて，一般的な時間術本の多くは，主に「時間を短縮する術」が紹介されていますが，私は，そればかりではなく，「時間を有意義にする術」「時間をかける術」も，有効な時間術と考えています。

「時間を短縮する術」とは，仕事を効率的に行ったり，問題を長引かせず早期に片づけたりするための時間術です。
　「時間を有意義にする術」とは，その時間を他人に喜ばれるものにしたり，自分にとって意味のあるものにしたりするための時間術です。
　そして，「時間をかける術」とは，仕事の「量」よりも「質」を高めたり，ミスややり直しを防いだりするために，あえてひと手間をかけるという時間術です。
　このように，本書は他の時間術と一線を画す玉置流の定義に基づき，学校現場の実態を踏まえて，様々な時間術を紹介しています。

「繁忙期を難なく乗り切る時間術」
「ピンチを素早く切り抜ける時間術」
「日常生活のタイムロスをなくす時間術」
「役職別　毎日の業務がみるみる片づく時間術」

など，どの章を読んでいただいても，明日からすぐにできる時間術ばかりです。また，最終章の「リーダーとしての資質を高めるための時間術」は，私の研究と修養のための時間術を示した章です。楽しんで読んでいただけると思います。

　今回も明治図書の矢口郁雄さんには，大変お世話になりました。このように読みやすくわかりやすい書籍になったのは，なにより矢口さんのおかげです。皆様に自信をもっておすすめできる書籍となりました。

2016年8月

玉置　崇

 もくじ

はじめに

第1章
玉置流 スクールリーダーの時間術の原理原則

時短術だけが時間術ではない ………………………………………………… 10
誠意はスピードに表れる ……………………………………………………… 12
様子見は禁じ手と心得る ……………………………………………………… 14
ピンチのときこそ悠然と構える ……………………………………………… 16

第2章
繁忙期を難なく乗り切る時間術

「年度末から新年度開始前まで」の乗り切り方 …………………………… 20
「年度当初」の乗り切り方 …………………………………………………… 22
「組織運営が軌道に乗るまで」の乗り切り方 ……………………………… 24
「１学期末」の乗り切り方 …………………………………………………… 26
「夏休み明け」の乗り切り方 ………………………………………………… 28

「行事集中期」の乗り切り方 ･････････････････････････････････ 30
「年末・年始」の乗り切り方 ･････････････････････････････････ 32
「人事の季節」の乗り切り方 ･････････････････････････････････ 34
「卒業式前」の乗り切り方 ･･･････････････････････････････････ 36

第3章
ピンチを素早く切り抜ける時間術

地域，保護者からクレームが来たら… ･･････････････････････ 40
教職員が不調を訴えたら… ････････････････････････････････ 42
教職員が不仲になったら… ････････････････････････････････ 44
宿泊行事でトラブルが起きたら… ･･･････････････････････････ 46
子どもが事故を起こしたら… ･･･････････････････････････････ 48
教職員が事故を起こしたら… ･･･････････････････････････････ 50

第4章
日常生活のタイムロスをなくす時間術

ものの「定位置」を決める ･････････････････････････････････ 54
「躊躇なく」ものを捨てる ･････････････････････････････････ 56
「メモの環境」を整える ･･･････････････････････････････････ 58

通勤時間に「小さな目標」を立てる ……………………………………… 60
トイレを「ちょっとした仕事場」にする ………………………………… 62
忘れ物を「しようがない方法」を考える ………………………………… 64
「自分に合ったスケジュール管理」の仕方を見いだす ………………… 66

第5章
役職別　毎日の業務が みるみる片づく時間術

教務主任

年間計画を効率的に作成する ……………………………………………… 70
月予定を効率的に作成する ………………………………………………… 72
提案文書を効率的に作成する ……………………………………………… 74
評価・評定のチェックを効率的に行う …………………………………… 76
時間割調整を効率的にミスなく行う ……………………………………… 78
若手教師とのかかわりに時間をかける …………………………………… 80

研究主任

研究計画をサクサクつくる ………………………………………………… 82
研究会議をサクサク進める ………………………………………………… 84
短時間の研究会議で成果を出す …………………………………………… 86
思い切って文書を削減する ………………………………………………… 88

もくじ

時間をかけず研究成果を見える化する ……………………………………… 90
時を忘れるほど充実した研究発表会をつくる ……………………………… 92

副校長（教頭）

任用書類を効率的に作成する …………………………………………………… 94
職員会議をサクサク進める ……………………………………………………… 96
事務職員とのコミュニケーションで時間を生み出す ……………………… 98
朝の時間を充実させる …………………………………………………………… 100
手間のかけどころを見極めて地域とつながる ……………………………… 102
先手必勝でPTAと連携する …………………………………………………… 104
自分の負担を今以上大きくせず，校長に満足してもらう ………………… 106
かかわる時間を教職員に喜ばれるものにする ……………………………… 108

校長

文書を探す時間をなくす ………………………………………………………… 110
電話は待つよりかける …………………………………………………………… 112
来客対応を有意義な時間にする ………………………………………………… 114
人事面接の時間のかけどころを見極める …………………………………… 116
メールにかかわるむだな時間を省く ………………………………………… 118
校長会議の記録と伝達を効率化する ………………………………………… 120
小刻みな学校評価を行う ………………………………………………………… 122
5分で授業を観察する …………………………………………………………… 124
資料に目を通してもらう工夫を施す ………………………………………… 126

手間をかけずに学校ホームページで発信する ……………………………… 128
長いだけで記憶に残らない講話から脱却する ……………………………… 130
時間をかけずに教職員のことを深く理解する ……………………………… 132
「他律的自律」で学び続ける ………………………………………………… 134
最小限の文房具を定位置に置く ……………………………………………… 136

第6章

リーダーとしての資質を高めるための時間術

教育に関する学びを深める ……………………………………………………… 140
教育界の外の世界を知る ………………………………………………………… 142
非日常の時間をもつ ……………………………………………………………… 144
話術とユーモアを磨く …………………………………………………………… 146

第1章 玉置流スクールリーダーの時間術の原理原則

時短術だけが
時間術ではない

時間を ← 短縮する
　　　　有意義にする
　　　　かける

次章以降で、スクールリーダーの様々な時間術を紹介するにあたって、はじめに前提としておきたいことを書いておきます。時間術という言葉から、「短い時間で学校の仕事を行うための術」と考える方が多いと思いますが、時間術はそればかりではありません。私は時間術を以下のように3つに分けてとらえています。

🕐 時間術の3つの分類

スクールリーダーが担わなければならない仕事に鑑み、時間術を大きく次の3つに分けてみました。

---

❶時間を短縮する術
❷時間を有意義にする術
❸時間をかける術

---

❶は、読んで字のごとく、**仕事を短時間でこなすための時間術**です。この時間術の目的としてあげられるのは、以下のようなことです。

・仕事を効率的に行う（むだな時間をかけずに仕事を行う）。
・問題を長引かせない（トラブル解決を迅速に行う）。

❷は，(長さの長短にかかわらず)その時間の価値を高めるための時間術です。

この時間術を用いる目的として考えられるのは，以下のようなことです。

> ・その時間を，他人に喜ばれるものにする。
> ・その時間を，自分にとって意味のあるものにする。

❸は，何かの目的を達するために，**あえて時間をかけてじっくり取り組むという時間術**です。

「何かの目的」の「何か」とは，例えば，以下のようなことです。

> ・仕事の「量」よりも，「質」を高める。
> ・ミスや，やり直しを防ぐ。

次章では，筆者の様々な経験などを交えながら，より具体的な時間術を紹介していきます。

ここまでに述べてきたことを意識しながら読んでいただけると，個々の具体的な時間術がねらいとしていることが，より深くわかっていただけると思います。

時短術だけが，時間術のすべてではない。かける時間の長短にかかわらず仕事の価値を高めることや，あえて時間をかけてじっくり取り組むことも重要な時間術であると心得よう。

誠意は
スピードに表れる

「誠意はスピードに表れる」。
この言葉が目に飛び込んできた瞬間，「これは，人としてのあり方にも通じる，すばらしい言葉だ！」と，深く自分の胸に刻み込みました。それ以来，事あるごとにこの「誠意はスピードに表れる」という言葉を思い出し，実行を心がけています。

相手の時間も自分の時間もむだにしない

　県の教育委員会に勤めていた際，市町村教育委員会から毎日のように問い合わせや相談の電話があり，しかも，多くが即答できない案件でした。
　とはいえ，相手側にすれば，早く返答がほしいに決まっています。抱えている仕事も多く，自分自身に余裕がないのですが，そこは「誠意はスピードに表れる」です。**現時点での判断を伝えることが，相手の時間も自分の時間もむだにしないこと**だと考え，できる限り素早い対応を心がけました。
　すると，後日こちらから市町村教育委員会に何かを尋ねた折，「こちらから質問させていただいたときには，随分と早く対応してくださいましたので，私どももできるだけ早くご返答します」と言っていただいたことがあります。スピードで示した誠意が先方に伝わり，今度はこちら側の時間が生まれることにつながったのです。

校長は特に，即答・即断が基本

　校長は，教頭をはじめ教職員から，日々様々な判断を求められます。

教職員は，日々時間に追われています。一方の校長は，出張の多い仕事で，校長会役員を仰せつかっていたりすると，終日学校に滞在することは稀，というような状況もあり得ます。

そんな中で，校長が校長室にいるタイミングを見計らって訪れてくれるわけですから，私はよほどのことでない限り，即答・即断することを心がけました。これは，相手の時間を尊重すると同時に，自分の時間を生み出すことにもつながると考えたからです。「考えておきます」といったん引き取ったとしても，可能な限り早く返答すべきであることに変わりはなく，**時間をかけて考えてみても，相談を受けた際に頭に浮かんだ案以上のことを考えつくことは多くありません。**また，**相手に伝えるタイミングをはかっているうちに時間をむだに費やしてしまうようなことも少なくありません。**

このように，校長職にある人は特に，「誠意はスピードに表れる」という言葉を肝に銘じておきたいものです。

🕐 地域・保護者への誠意を具体的な時間で表す

スクールリーダーは，地域や保護者からかかってきた，込み入った内容の電話に応対することがよくあります。ここでも，話はていねいにうかがいつつ，心の中では「誠意はスピードに表れる」と唱えたいものです。

実際には，事実確認のうえで今後の方向性を決めなければならないことも多く，その場で具体策を話すことはできないことがほとんどでしょう。しかし，「学校は誠意をもって対応する」ということをしっかり伝えるために，「2日後にはご返答します。何時ごろにお電話したらよろしいでしょうか？」と，**相手への誠意を具体的な時間で表す**とよいでしょう。

> 誠意は相手に伝わってこそ意味がある。誠意を伝えるキーワードは「スピード」。即答が無理でも，対応にかかる時間を極力具体的に示そう。

様子見は禁じ手と心得る

かつて，藤原和博氏が民間出身校長として東京都の公立中学校長になった際，数々の学校改革のスピードが話題になりました。学校改革とは言わないまでも，学校をよくするための取り組みには，小さなことから素早く取り組んでいくという意識が欠かせません。何かにつけて様子見では，何もよくなってはいきません。

小さなことから素早く

「学校改革」というと，とてつもないことをしなければならないと思いがちですが，私は「学校改善」というと少し収まりが悪いので，「学校改革」という表現を使っています。ちょっとした変更であっても「学校改革」でよいのです。

私は，校長就任１日目に，学校ホームページのトップページとカテゴリを変えたことがあります。学校の思いが伝わってこなかったからです。これも，人によっては大きな改革と思われるかもしれませんが，**自分の得意なフィールドの改革は，案外容易にできる**ものです。「小さなことから素早く」という意識で校内を見渡してみると，すぐに取りかかることができるものが必ずあるはずです。

「まずは様子を見て」は禁句

「赴任したばかりなので，様子がよくわかりません。じっくり見させていただいてから考えていきたいと思います」と，あいさつする校長に出会った

ことがないでしょうか？　このようなあいさつを聞いたときに，私は心の中で「この校長は，大した改革はされないだろうな…」と生意気にも思ったものです。そして，多くの場合，この悪い予感は当たってしまいました。

　校長になる年齢であれば，長年，教員生活を送ってきたはずです。赴任早々ですから，教職員に敬意を表して「様子を見て」と言いたくなる気持ちはわかりますが，**それまでの経験に照らせば，数日間でその学校の状況はつかめるはず**です。そのような力量があるからこそ校長という立場を得たのです。「様子を見てから」と思っているうちに時はどんどん過ぎていきます。わからなければ，教職員に「この学校の課題は何だと思いますか？」と聞けばよいのです。「まずは様子を見て」は口にしないようにしましょう。

経過報告で動きとスピードを伝える

　当然のことながら，大きな学校改革は，長期的に取り組まなければならないことが多いものです。

　例えば，3年かけて，ようやく改革できるということもあるでしょう。しかし，その間に改革しようとしていることをまわりに伝えなくては，まったく動いていないように思われてしまいます。工事のように目に見えるものであれば，徐々に変化していることを認識しやすいのですが，目に見えないものを理解してほしいといっても無理な注文です。

　そこで，**折々に経過報告をしていくことが大切**です。「このような目標に向かって動いており，現在はこの段階まで達しました。あと2つの事柄について合意が得られると目標達成です」などと伝えたら，聞く側も改革への動きとスピードを感じ取ることができます。

> 学校改革は小さなことから素早く。校長ともなれば，これまでの経験を生かせば，学校の状況はすぐにつかむことができる。経過報告で，周囲にも改革のスピードを感じ取ってもらおう。

ピンチのときこそ悠然と構える

　スクールリーダーに必要な資質の1つが，「どのような局面でも，心にゆとりをもてること」です。もっと言えば，部下に「あの人は，いかなるときでも悠然と構えている」と思わせることです。心にゆとりをもつためには，物事に見通しが立っていなければなりません。これも大切な時間術です。

心にゆとりをもつためのコツ

　心にゆとりをもつためには，見通しが立っていることが大切です。そのためには，スケジュール管理をしっかりすることです。あなたは，スケジュール管理をどのようにしているでしょうか？
　私は，（アナログ）手帳で行っています。毎年，愛知県教育振興会が発行する教職員手帳を利用しています。
　同じものを使い続けているので，スケジュールの記入書式も自分流ながら統一されていて，書くときに迷いがありません。何か所用が入ったら，必ず書き込む習慣もついています（そのため手帳を忘れると気持ちが落ち着かないほどになりました）。
　手帳に新たな所用を書き込んだら，それにかかわる注意事項を付記する。これも重要な習慣です。例えば，1月16日に，ある会議が入ったとします。この会議は出席するだけでよいのか，自分が何らかの形で提案したり，発言したりする必要があるのかを確認します。特に，後者のように何かアクションを起こさなければならないときには，その準備にどんなことが必要かも考

えてみます。このようにして，注意事項を付記していきます。

　私は手帳を眺めることも習慣化しています。手帳をパラパラとめくって，何か月も先の予定を確認します。これを**何度も繰り返しているうちに，長いスパンのスケジュールが頭の中に入り，それまでの段取りも自ずとできるようになっていきます。**

悠然と構える

　学校では，時にのんびりしてはいられない問題が起こることもあるわけですが，そういった事態に直面したときこそ，悠然と構えることができるスクールリーダーでありたいものです。

　私は教職員に**「問題がない学校は全国を見渡しても皆無です。問題が起こって当たり前なのです。問題が発生しない方が不思議です。それこそ問題を見過ごしているのではないかと疑ってかかるべきです」**と，常日頃から言ってきました。

　もちろん，心の中では「問題は起こってほしくない」と人一倍願っているのですが，どんなに注意しても，起こることは起こるのです。

　実際に問題が発生したときには，「こんなことは起こって当たり前」という表情を努めてつくっていました。校長がこのように悠然と構えていれば，教職員も冷静に対応策を考えることができます。また，**悠然と構えているリーダーには，伝え難い情報も躊躇せず伝えることができる**ものです。動揺した素振りを見せると，情報が遮断され，自らを苦境に追い込むことになってしまう，ということを肝に銘じておきましょう。

> 見通しをもつことで心にゆとりが生まれる。そのためのポイントがスケジュール管理。スクールリーダーたるもの，問題が発生することまで見通し，危機のときも悠然と構えよう。

繁忙期を
難なく乗り切る
時間術

「年度末から新年度開始前まで」の乗り切り方

学校は一年中忙しいといっても過言ではありませんが，中でも一番忙しいのが，年度末から新年度開始までの期間です。年度末の提出書類，次年度に向けて決めなくてはならない分掌など，数え出したらきりがありません。スクールリーダーは，まずはこの時期をうまく乗り切れるかどうかでその力量が試されます。

次年度の仕事を前倒しで手がける

　まず，精神的な焦りを少なくするために，次年度の仕事を前倒しで手がけることをおすすめします。

　例えば，校長であれば，3月半ばごろから新年度に向けて学校の教育目標や重点目標を考えます。**今年度のものに手を入れる形で，とりあえず決めてしまう**のです。私は提案文書の形にまで仕上げていました。

　教頭であれば，4月早々にやらなければならない事柄の中から，3月中にできることをいくつか終えてしまうことです。形式的に処理できる文書がいくつかあるはずです。そうしたものが1つでも処理できていると，気分が楽になります。**できていないことより，できたことをカウントする**ことです。

　教務主任であれば，この時期は来年度の年間計画を立てることが最重要の仕事です。都道府県や市町村教育委員会，各教育団体等から早い時期に新年度の行事連絡等が入ることと思います。その際に，自校の次年度の計画を見直すのです。主要な学校行事は，毎年日程が大きく変わるようなことはありません。変わるとしても，他との関係で若干ずれる程度です。特に次年度の

年間計画は，**まだ確定はできない段階から教職員に提示し，意見をもらうこ**ととです。多くの目で見てもらうことによって，自分の仕事が楽になり，うっかりミスも減ります。

仕事にかける労力を見直す

限られた時間の中でたくさんの仕事をこなすためには，前倒して取り組むだけでなく，一つひとつの仕事にかける労力も考えてみる必要があります。現実問題として，**この時期はすべての仕事に100%の労力をかけていては，とてもこなしきれません。**

例えば，年度末に市区町村教委へ学校評価のまとめを提出する地域は多いと思います。しかし，詳細な評価報告を提出しても，それを受けて何かしら対応がとられることはまずありません。つまり，教委は学校が評価をしているかどうかの確認のために提出させているだけなのです。そう考えると，表紙やインデックスをつけて体裁を整えたり，新たに文書を加えたりしている学校では，その労力をかける意味があるのかを改めて考えてみる必要があるでしょう。

「串刺し確認」をする

教職員から提出された文書を点検することが多いのも，この時期の特徴です。その際におすすめなのが「串刺し確認」です。**ある項目だけにポイントを絞り，そこだけを通しで確認する**のです。ポイントを絞って確認するため，ミスが見つかりやすく，結果的に速く，正確に処理できます。

次年度の仕事を少しでも前倒しで片づけると気持ちが軽くなる。この時期は，仕事にかける労力も精査する必要がある。文書の点検は，「串刺し確認」で効率よく行おう。

「年度当初」の乗り切り方

年度当初，スクールリーダーとして大切なのは，何事も早期に判断することでしょう。年度末からいろいろと準備を重ねてきても，思わぬ出来事が発生し，即時の決断を迫られるのがこの時期です。自分の時間だけでなく，関係者の時間を大切にするためにも，早期に判断するということが大切になります。

即時に決断するために

「即時に決断する」という言葉から，若いころに仕えたある学年主任を思い出します。人柄はとてもよいのですが，なかなかはっきりしたことを言っていただけないのです。

「学年の生徒指導体制として，…のことはどうしましょう。明日の集会で生徒に話さなくてはいけません。学年の先生方に集まっていただく時間もありません。学年主任の方針に従いますので，考えをお聞かせください」

結論を出さないと時間的に厳しいことを伝えたうえで判断を仰ぐのですが，すぐに答えを出してもらえないのです。

「その件は大きなことだよね。私が自分一人で決めてしまってもいいのかなぁ…」

それではと「では，○○ということにしてよいでしょうか？」と問いかけると，「なるほどね」と何事も受容していただけるのですが，話はまったく先に進みません。

年度当初は判断すべきことが次から次へと起こるものです。学年全員の意

向を大事にすることも大切ですが，**学年主任は学年のリーダーとしての決断を学校組織の中で任されている**ということを忘れてはいけません。

「声かけ確認」を心がける

年度当初にやるべきことを書き出してみると，その膨大さにうんざりすることでしょう。スクールリーダーとなると，判断しなければならないことは多岐に渡り，その数はかなりのものでしょう。依頼すべきこともたくさんあります。

そこで，互いの時間を大切にするために，「声かけ確認」を心がけてみましょう。

忙しさの中で，だれでもつい忘れてしまうことがあります。そのことを踏まえて，「あのことは済んだでしょうか？」「あれは準備ができたでしょうか？」などと**リーダーが率先して声に出して確認すれば，未処理の仕事にふと気づく人もいます**。

決めたことを共有する

リーダーの判断が教職員間できちんと共有されていないと，意図しないトラブルが生じるものです。それによって時間のロスが生まれます。

「そうだったんですか!? 聞いていませんよ。やり直さなくていけません…」といったグチが出るような職員室にはしたくないものです。

判断し決定したことがだれにもわかるように，**すぐに黒板に書く，口頭で確実に伝えるなど**，共有化を図ることに心を砕きましょう。

即時に決断できることは，リーダーに求められる資質の１つ。「声かけ確認」や決定事項の共有化の工夫で，教職員に対する配慮も忘れないようにしよう。

「組織運営が軌道に乗るまで」の乗り切り方

5月初旬ともなると，スクールリーダーとして，今年度の組織について，様々なことを感じることでしょう。「メンバーの息が合っていて何事もまとまってやっていけそうだ」「どうもメンバー同士がギクシャクしていてうまくいってないな…」など，いろいろな状況が考えられますが，充実した組織をつくり出すためには手だてが必要です。

1か月を振り返る時間をつくる

4月に新組織となり，今年度もいよいよ始まったなと思っていたら，あっという間に5月になっていた，という人は多いことでしょう。

スクールリーダーにとって，5月初旬は組織を振り返る大切な時期です。学校の規模にかかわらず，新年度当初から様々な業務が各担当者によって同時進行されています。1か月が経った5月はじめに，各業務の進行状況を把握し，今後の見通しをもって調整することで，組織の中によりよい時間が生まれるものです。

まずは**一堂に会して，進み具合を簡単に報告し合う会をもちましょう**。

順調であることを認め合う

1か月を振り返ってみると，順調に進んでいる業務もあれば，滞っている業務もあることでしょう。しかし，それは当たり前のことです。

まずは，順調に進められている業務を大いに認め合い，**できないことを嘆くより，できたことを喜び合う組織**にしたいものです。組織として業務の進

行状況を把握し，価値づけておくことは，とても大切です。

滞っている業務についても，滞りの要因を深掘りしようとするのは避けた方がよいでしょう。これは，課題の存在そのものを曖昧にするということではありません。**思うように進んでいないという事実は共有し，少しでも進展させるために組織としてできることがあるかどうかの確認をする**のです。

動かない人へのアプローチ

業務が滞る要因は様々です。

場合によっては，業務を進めるべき立場のメンバーがまったく動いていない，というようなこともあるでしょう。そのことは，事実を共有し，組織としてできることを検討していく過程でだれもが気づくはずです。

スクールリーダーとして，このようなメンバーにはどのようにアプローチすればよいのでしょうか。

まずは，**ちょっとした場面をとらえて本人に声をかけ，いつも気にかけていることを伝えます。**「あれからどう？」といった具合の抽象的な質問で十分です。短い時間で状況を聞き，少しでも進んでいる場合は称賛し，進展がない場合は「一緒に考えようか」といった言葉をかけるとよいでしょう。温かい言葉をかけてもらったことがきっかけとなり，止まっていた時間を取り戻すかのように，意欲的に動き出すことも珍しくはありません。

こうしたリーダーの思いやりのあるアプローチが，組織として業務の進行を促進していきます。

新年度スタートから１か月経過したところで業務を振り返る時間をつくろう。まずは順調に進んでいる業務をともに認め合い，業務を停滞させているメンバーに温かくアプローチしよう。

「1学期末」の乗り切り方

成績を出したり，個人懇談会を開いたり，通知表を作成したり…と，1学期末には重要な業務が目白押しです。学級担任が疲弊していると感じることもあるでしょう。1秒たりともむだにしたくないという気持ちの教職員が多いこの時期，スクールリーダーの時間の使い方にも特に注意が必要です。

締切日を意識させる方法

業務が立て込んでくる時期にまず大切なことは，早めに締切日を提示することです。ただでさえ忙しい時期ですから，**急な連絡や締切日の設定は避けなければいけません。**

締切日を提示すると，要領のいいベテランの教職員は，すぐさま備忘録や週案等に記録します。これは，締切日を守ることができない人ほどするべき行動ですが，それができません。では，リーダーとして締切日を意識させるにはどうすればよいのでしょうか。

例えば，職員室黒板や学年連絡板に締切日を明示したり，朝の打ち合わせの時間に定期的に口頭で確認したりする方法があります。

校内のネットワークが整備されている学校では，教職員がいつも見ているネット掲示板に記しておくのもよいでしょう。

提出が済んだ教職員あるいは文書を，黒板に明記するという方法もあります。

年間計画の中で締切日を設定しておく

　年間計画の中で，あらかじめ締切日を設定しておくのもよい方法です。先を見て仕事をする習慣がつくからです。

　年度当初に，「1学期末には，このような業務をこの日までに仕上げる」という一覧を提示するのは難しいことではありません。昨年度までの状況を調べて，年度当初に設定してしまうと，その時期になって考える手間がなくなり，時間も生まれます。一度決めておくと，**実際に取り組んでみて問題がなければ，次年度以降もほぼ同じ間隔で締切日を設定することができます。**

業務を見直す

　これまでの業務を見直し，必要のないことは止める，ということも，多くの業務を一度にしなければならないこの時期には重要です。

　校内に「何となく続けられている業務」がないでしょうか。例えば，教職員にその学期の振り返りをさせ，文書で提出させている学校は少なくないでしょう。折々に振り返りを行うことは大切ですが，多忙な時期に文書にまとめるのは大変なことです。しかも，どの地域にも教職員評価制度が導入されている今日，その中でも振り返りを求められていることがあります。このように，学校現場では同じような文書を何度も書かされているケースが多く，教職員の業務が多忙化する一因になっています。

　業務を課す立場にあるスクールリーダーは，**一つひとつの必要性を精査し，他で兼ねられるものは削減することを検討したい**ものです。

多忙な時期こそ，締切日は早めに提示しよう。年間計画の中に締切日をあらかじめ設定しておくことも有効。その業務が本当に必要かどうかも，スクールリーダーとして判断しよう。

「夏休み明け」の乗り切り方

9月のはじめは,夏休みのリズムに引きずられ,なんとなく調子の波に乗れないものです。スクールリーダーは,教職員のリズム回復のために,ぜひ明るく元気よく動きましょう。とりわけ行事が多い2学期ですから,スタートが肝心です。短時間で1学期末の状態まで高めることが,夏休み明けを乗り切るポイントです。

学級担任を孤立させない

夏休み明け,学級担任の一番の関心事は,子どもたちの変容です。長期の休みを経て,子どもたちがどう変化しているのかを楽しみにしたり,逆に心配したりしていることでしょう。

スクールリーダーは,こうした学級担任の心情に寄り添う気持ちを忘れず,担任として変化をどうとらえているかを尋ねてみることが大切です。

夏休み中に大きな変化があり,学級担任一人の対応ではなかなか難しいケースもあります。しかし,そのことを学級担任はなかなか口にできないものです。心の中では,「今は,夏休み中の怠惰な生活を引きずっているだけだ。日が経てば,1学期のように戻るに違いない」と期待していることでしょう。しかし,夏休み明け早々から課題を背負いたくないという気持ちもあって,目をつぶっているうちに対応が遅れ,事が大きくなってしまった,というのはよく耳にする話です。

こうならないようにするためには,スクールリーダーが学級の様子をのぞく,子どもたちの様子について職員間で感想交流をする機会を設ける,など

組織の力を活用することがポイントになります。

学年で夏休みの課題処理を分担する

　9月のはじめ，学級担任は夏休みの課題処理に追われます。各教科の夏休みワーク，読書感想文，自由研究作品など，1人の子どもがかなりの提出物を持って来るので，学級全体で考えると膨大な量になります。教室にそれらを置くスペースがなく，教卓の上に，山のように提出物が積まれている状態を目にすることがあるでしょう。

　こういったとき，学年主任であれば，学年で分担して処理することを提案してみましょう。例えば，**夏休みワークの点検は，必ずしも学級担任がしなくてはいけないものではありません。**学年の子どもの様子を知るためにも，「社会ワークは〇先生，算数ワークは△先生が目を通す」と分担することで，効率的に点検ができます。

作品の取りまとめを校務分掌に位置づける

　学校として教育団体へ提出すべき応募作品等が集中するのも夏休み明けです。このことを考え，校務分掌の中に，応募作品取りまとめ担当を決めておくのも，有効です。

　学校全体の応募状況を把握するうえでも**担当を置いて集中処理した方が効率的**ですし，先にも述べた「串刺し点検」によって，記載事項の漏れや間違いにも気づきやすくなります。

夏休み明けの子どもの様子を情報交換し，課題の早期発見・解決につなげよう。課題処理の支援や作品の取りまとめを行う担当の配置など，スクールリーダーにもできることは多い。

「行事集中期」の乗り切り方

「どうしてこんなに学校行事を重ねたんだ!」と悲鳴を上げたくなるほど行事が集中する時期があります。子どもたちの成長を見てもらうのに年度はじめでは厳しいので，9月から12月にかけて，学習発表会や運動会など学校行事が集中するのは致し方ないことです。ここでは，こうした行事集中期の乗り切り方について考えていきます。

子どもに多くを求め過ぎない

　教員の仕事に，「完成」はありません。秋の行事で例をあげれば，学習発表会の掲示物1つとっても，何時間もかけて取り組む教師がいます。これ自体はすばらしいことです。

　しかし，勘違いしてはならないのは，学習発表会は子どもたちの学習の成果を発表する場であって，教師が指導力を発表する場ではない，ということです。もちろん，よりよい発表になるよう指導することは大切ですが，**己の指導力を見せたいために子どもを追い込むような指導，子どもに多くを求め過ぎる指導は考えもの**です。

　こういった傾向の人物が学年主任だと，学年の他の教職員も苦しむことになります。スクールリーダーとしては，追い込み過ぎる雰囲気を敏感に察知し，それを払拭しなければなりません。

　かつて仕えた校長が「子どもは失敗するから子どもなのです。失敗から学ばせればよいのです」と言われました。

　まさにその通りで，そう考えると，随分と気持ちが楽になります。心の余

裕がない状態で子どもを指導しても、成果は得られません。

TTPで時間を生み出す

仲間から「TTP」という言葉を聞きました。「TT＝徹底的に，P＝パクる」という意味で使うそうです。

教師の中には，模倣するのはよくないことだと考える方も少なくないようですが，私はそうは思いません。よいことは「TTP」すればいいのです。

例えば，「学芸会の演目は，昨年とは異なるものにしなければならない」というような不文律が学校に存在していないでしょうか。そして，そうした不文律に振り回されて，教職員が忙しくなってはいないでしょうか。

演目は昨年と同じでも，演じる子どもは当然違います。**子どもが主役の学芸会なのですから，昨年と同じ演目であっても何ら構わない**のです。

そして，同じ演目であれば，昨年度の指導方法や資料を得やすく，今年度はより効率的に，完成度の高いものを目指すことができます。

仕事をまとめる

秋は学校行事が重なることから，保護者向けの文書作成，配付が多くなります。こういった案内文書の作成も，重なると結構な時間を費やします。

そこで，**「秋の学校行事特集」と題して，いくつかの行事を一度に案内する文書をつくってみる**のはどうでしょうか。保護者も早めに予定調整ができるので喜んでいただけます。

教師の自己満足で仕事を増やさないように注意しよう。すべてオリジナルを目指すのではなく，よいことは躊躇せず真似すればよい。広報なども，文書作成を少し工夫するだけで時間が生まれる。

「年末・年始」の乗り切り方

年末・年始はのんびりすることが一番です。4月からずっと走り続けてきて，疲れが相当溜まっていることでしょう。スクールリーダーといえども，仕事をしない日を年末・年始で少なくとも6日間程度は確保し，有意義な時間を持ちましょう。ここでは，その6日間以外の日にやっておくとよいことを紹介します。

今年度を振り返り，次年度の構想を練る

スクールリーダーであれば，最低でも常に3か月は先を見通して仕事に取り組む必要があります。さらに，経験を重ねていき，半年先あるいは1年先を見据えて仕事ができるようになりたいものです。

そこで，年末・年始は，今年度の振り返りを行い，次年度の構想を練ることに時間を割きたいところです。**メモ程度でよいので，思いつくことを記録しておく**とよいでしょう。メモのコツについては，第4章の「『メモの環境』を整える」を参考にしてください。

「断捨離」の時間をつくる

「断捨離」とは，提唱者であるやましたひでこさんによる造語だそうで，
断＝入ってくるいらないものを断つ
捨＝家にずっとあるいらないものを捨てる
離＝ものへの執着から離れる
と定義されています。年末には，特に「捨」を実行するとよいでしょう。例

えば，「いつか読むことがあるだろう」と積んでいる文書の山はありませんか。そのいつかは永遠に訪れないと考え，思い切って捨てましょう。

リーダーとして「断捨離」の音頭をとって，**職場でも不要なものを捨てる空気をつくり出してみてはどうでしょうか**。自分の仕事机や身の回りのものが整理されると，ゴチャゴチャした頭の中もスッキリと整理された状態になり，仕事の効率も上がると言われています。

年賀状は大切にしつつ短時間で

昨今は年賀状のやりとりはせず，SNSやメールを活用して年始のあいさつをする方が増えてきているようです。賛否両論ありますが，私自身はその人なりの考え方でよいと思っています。あえてかかる労力だけで比較するなら，SNSやメールの方がはるかに楽でしょう。

私は，年賀状作成はいつからか元日に行うことが習慣となりました。いただいた年賀状を見ながら，年賀状の図柄を考えたり，住所録データからお返しをする方のリストをつくったりします。

年賀状は新年を迎えるに際して改まって行うあいさつですから，私の習慣は礼節に欠けるかもしれませんが，それでもこうする理由は，時間的に楽だからです。いただいた年賀状に返信するわけですから，必要分だけ年賀状を印刷することができ，葉書のむだもありません。また例えば，**教え子からの年賀状に近況を尋ねる一文があれば，それに答える一文を添えた年賀状を送ることもできます**。

年末・年始は少なくとも6日間程度はのんびり過ごしたい。この時期にやるべきことの第一は，不要なものを捨てること。年賀状作成も，負担が大きくならないように工夫してみよう。

「人事の季節」の乗り切り方

ここでは校長向けに人事の季節の乗り切り方について紹介します。人事異動は自治体によって異なりますが、校長の動きは、教職員へのヒアリング、教育委員会への報告、本人との相談など、どの地区であっても同様だと思います。決して機械的にできることではなく、精神的に大きな負担感を覚えながら取り組む仕事であると言えます。

思うようにいかないのが人事

　6年間の校長職を経験して言えるのは、「人事は思うようにいかないもの」ということです。

　教職員の異動や校内人事についてのヒアリング、そのまとめ、教育委員会への報告、その後の数々の人事にかかわる業務量は、かなりのものになります。時間的にも、ピークは1、2月とはいえ、例年10月ごろから始まり、3月末まで続きますから、長期間にわたる作業でもあります。この作業は機械的に進めることができず、かなりの相談や依頼（懇願に近いもの）が必要となります。時間をかけて話しても、教職員の同意や理解が得られず、精神的に苦しくて、降格願いを出そうかと思うほど大変なときもありました。

　そのような折に思い出したのが、ある校長が発したつぶやきでした。
「人事は他人事。他人のことが、自分の思うようになるわけはない」

　自分が人事業務で苦しみ始めて、心の底からこの言葉の重さを感じました。そして、この言葉のようにわりきってしまうと、精神的圧迫感はかなり減りました。

人事に関することをメモするノート

　毎年人事業務を経験することで，時間的に速く処理できるようになった仕事があります。それは教職員一人ひとりの考えの集約と整理です。

　教職員評価をするために，教職員と話す機会は多くあることでしょう。期せずして，次年度以降の動向についての話となり，教職員の考えを聞くことがあります。こうした体験から，**人事に関するノートは，4月当初からつくり，そこにメモするようにしました**。

　時期を見計らって，自作の調査用紙にて人事希望を聞き取りましたが，これまで耳にしてきた考えと違いがあるかどうかを確かめる程度で済み，集約，整理は短時間でできました。

文書形式が問われないことを生かす

　校長は，校内組織をはじめ，教職員のことに関する多くの人事資料を4月に作成・提出しなければなりません。

　これらの業務をできるだけ迅速に片づける工夫として，**形式が問われない文書は既存の文書をできるだけ流用する**という方法があります。

　新しい文書を一から起こすことの大変さは，スクールリーダーであればだれしも身をもって経験していることでしょう。しかし，形式が問われないのであれば，わざわざ新しい文書を起こす必要はありません。私が経験したところでは，エクセルデータから必要項目を抜き出すだけで，提出文書として受領されるものもありました。

人事は「他人事」とわりきることが大事だが，精神的な負担から完全に逃れることは難しい。人事ノートの活用や，文書の流用で，物理的な負担を減らしていこう。

「卒業式前」の乗り切り方

卒業式は，様々な学校行事の中でも一番重要な行事の1つです。卒業生にとっては学校生活最後のシーンとなるわけですから，まさに有終の美を飾る行事であり，来賓からも大いに祝福される式を挙行したいものです。卒業式の計画から練習，準備，当日と慌ただしい日々が続くこの時期を難なく乗り切る方法を紹介します。

儀式的行事は不変が原則

卒業式などの儀式的行事は，それまでの形式に則り，粛々と行うものであるというのが私の考えです。卒業式にその年度のオリジナル性は求めません。したがって，**卒業式の計画は例年まったく同じで，基本的に担当者名の入れ替えをするだけで終わり**です。もし前年度に大きな反省点があれば，その部分だけ手直ししておけば十分です。1年で一番重要な行事の1つですが，計画はあっという間にできます。

延々と卒業式練習をしない

自分が小中学生のころは，行事の練習時間はかなりあったと記憶しています。卒業式の練習時間も相当長かったように思います。

卒業式での子どもの動きを考えてみると，入場，着席，起立，礼，卒業証書受領，退場程度です。複雑な動きはありません。それなのに，何度も何度も練習を重ねます。子どもに「よし，やるぞ！」という気持ちさえあれば，1，2度の練習でできる動きです。**「1度でできれば，その時点で練習を終**

わります」などと声かけをし，子どもをその気にさせて，短時間で練習を終えましょう。

会場づくりもできるだけ短時間で

多くの保護者や来賓を迎える卒業式ですので，会場準備にある程度時間がかかるのは致し方ないことです。しかし，その中でもできるだけ短い時間で準備を終えたいものです。

会場準備を始めると，細部のレイアウトで困る場合があります。そこで，**卒業式の会場ができ上がった時点で写真を撮っておく**ことをおすすめします。役立つのは翌年以降ですが，タブレット等に保存された前年度の卒業式場の写真を見ながら，準備ができます。

また，いすを並べる場合は，ひもやメジャーで基準線を示すとよいでしょう。基準線に沿っていすを配置すると，実にきれいに並べることができます。いすの並びだけで会場の雰囲気が厳粛なものになります。

インフルエンザの流行に注意する

卒業式は，ちょうどインフルエンザが猛威を振るう時期に行われます。ある中学校において，1・2年生でインフルエンザが流行ってしまい，卒業式を3年生のみで行わなければならないことがありました。

学年や全校練習時には，**マスク着用で臨ませたり，防寒対策をさせたり，短時間で終わらせたりするなどの配慮**が大切です。

卒業式はその学校の伝統と文化を守る行事。無理にオリジナル性を求める必要はなく，練習も短時間で行おう。会場づくりは，前年度の会場の写真で確認しながら行うと効率的。

第3章

ピンチを素早く切り抜ける時間術

地域，保護者から クレームが来たら…

「クレーム」という言葉を聞いただけで，「ああ，また時間をとられる…」と反射的に思ってしまう方は多いことでしょう。クレーム対応が短時間で済む時間術があればよいのですが，こればかりは難しいことです。むしろ，あえて時間をかけることを考えた方がよいと思います。結果として，その方が問題解決の近道になることが多いからです。

すべてをクレームにしない

学校には様々な情報が入ってきます。その中には，地域や保護者から届く情報もたくさんあるでしょう。

校長会で情報交換をしているときに，ふと気づいたことがあります。**「地域や保護者からの情報＝クレーム」と決めつけている方が少なからずいる**のです。このように考えたら，学校は毎日クレームを受けている状態であるといっても過言ではないでしょう。そうなると，気持ちも沈みます。

地域や保護者から届く情報を「学校の立場をよくわかったうえでの貴重なアドバイス」「保護者の立場からの気づき」と考えてみましょう。自分では，背中についたゴミには気づけません。「地域や保護者からたくさんの情報が入る開かれた学校である」と自負したらよいのです。気持ちのもち方ひとつで時間の流れ方も変わってくるものです。

対応すべきクレームだと判断したら

対応が必要なクレームだと判断したら，「誠意はスピードに表れる」を強

く意識しましょう。関係者間で情報を共有し，**学校として謝罪しなければならないことが一部でもあれば，まずはそのことについてすぐにでも謝る**ことです。往々にして，「ここの部分の指摘は事実と異なっているので，それがはっきりしたらお詫びしよう…」といった対応をしがちです。しかし，いつそれがはっきりするのかはわかりません。そのうちに時間が経過してしまい，「学校は何も対応しようとしない」と新たなクレームを招き，より厄介な問題に発展してしまいます。

逆に，学校が非を認め，すぐに動いたことで，トラブルが小さくなることを何度も経験してきました。

クレーム対応を記録する

県教育委員会に勤めていたころ，クレーム対応は業務の一部でした。県にまで電話をしてくる方は，相当な怒りをもっておられ，対応に苦慮することばかりでした。ところが，対応後に該当校に連絡を入れてみると，クレームの内容と状況が随分異なっていることが少なくありませんでした。

こういった場合，クレームにどのように対応したかの記録が後々ものを言います。県教委では，クレーム電話対応後，その内容や対応について記録を作成し，上部に報告しなければなりませんでした。電話対応でヘトヘトになっているのに，詳細な報告書を作成しなければならず，辛くてしかたがありませんでした。しかし，**問題を正しく処理したり，同じようなクレームを受けたときに的確な対応をするために，その記録は大いに役立ちました**。

地域や保護者からの電話は，学校への助言と考えよう。クレーム対応は「誠意はスピード」精神で。クレームの対応記録は貴重な資料となるので，面倒でも残しておこう。

教職員が不調を訴えたら…

　教職員の心身の状況への配慮は，スクールリーダーとして気にかけておくべき重要事項です。「学校力は職員室内のコミュニケーション量に比例する」という人もいますが，心が不調に陥った教職員とは気軽にコミュニケーションをとることが難しくなります。ここでは教職員が不調を訴えた場合の時間術を紹介します。

🕒 いつも体調が完璧な人間はいない

　顔色が優れない日が続いたり，年次休暇が重なったりしている教職員はいないでしょうか。いつも体調が完璧な人はいません。だれもが心や体に，何かしら不調を抱えながら生活しているものです。スクールリーダーは，常にこのことを心に留めて，教職員の様子を観察することが大切です。

　「体調がよくないとは言いにくい」「休みづらい」「年次休暇後の出勤には冷たい視線を感じる」といった声が聞こえてくる職場は，危険な状況に陥っていると考えた方がよいでしょう。スクールリーダーが連携して，職場の改善を第一として動くべきです。

🕒 聴くことが第一

　不調を訴えたり，そのように見えたりする教職員には，まず状況を聴くことが大切です。相手が希望する時間と場でじっくり聴くべきです。私は休日に喫茶店で話を聴いたり，家庭に出向いて話を聴いたりしたことがありました。場所はどこでもよいのですが，**相手が心を開放できる環境で耳を傾ける**

ことがポイントです。

　また,「どれほど長時間になっても,話を聴きますよ」という姿勢で臨むことが大切です。これはまさに,長さの長短にかかわらず,その時間の価値を高めるための時間術です。

　特別な個別対応であるため,あまり時間をかけては失礼だと思ってしまう教職員もいるので,時計に目をやるなどの行為は慎み,相手を包み込む気持ちで臨みましょう。

休むことを勧めるのも大切

　不調を訴える教職員は,どうしても休みがちになります。休暇連絡を受けてから,補欠授業対応や担当学級対応などを早急にしなければならず,スクールリーダー自身が疲れてしまうという話をよく耳にします。このような状況が続くようであれば,関係者で対応のパターンをあらかじめ決めておくことが良策です。

　校長の立場なら,その教職員の様子をよく見て,しばらく休むことを勧めることも大切です。**本人のみならず,まわりの教職員のためにも決断が必要なときがある,と肝に銘じるべき**です。

　また,市町村教育委員会と綿密に連絡を取り合い,該当教職員の代替職員が,できるだけ早い時期に勤務できるようにすることも,スクールリーダーとしての大切な時間術です。ただし,地域によっては,代替職員がまったく見つからず,やむを得ずしばらく校内対応をせざるを得ないこともあります。こういったときは,「**万策尽きることもある**」と思うことです。スクールリーダーが疲弊しないために大切な考え方です。

> 「休みがとりにくい」という声は職場の危険信号。不調に陥っている教職員とは時間度外視で向き合おう。休むことを勧めたり決断させたりするのもリーダーの大切な役割。

教職員が不仲になったら…

教職員間がギクシャクしてしまうことはよくあるものです。人間同士なので，そのようなことが起こるのも当たり前なのですが，それが職員室全体の雰囲気にまで影響するとなると，スクールリーダーとして放っておくことはできません。こういった場合，どのように動いたらよいのかを紹介します。

状況把握に努める

すぐにでもギクシャクしている当事者に話を聞いてみようと考える方と，まずはまわりの人から状況を聞いてみようと考える方があるでしょう。それまでの当事者との関係によって判断は分かれるところですが，まずはまわりの人に起こっている事態を聞いてみるのが無難です。

ここからは経験談です。「○先生と△先生がうまくいっていないようだけど，どういうことが原因で，どうなっているのかを知っていますか？」と聞いたところ，「ご心配される必要はありません。学年の方で動きますから」と返答をもらい，ほっとしたことがあります。**当事者により近い人が動いてくれるのなら，任せる方が得策**です。

別の事例です。「まわりでも困っています。間に入り辛くて…」ということでした。こういうときは，リーダーが動くしかありません。状況を聞くだけ聞いておいて何もしなければ，自分の評価を下げることになります。しかし，慌てて動くことはありません。**もめている当事者に近い人たちに知恵を借りて，どう動いたらよいのかアドバイスをもらう**ことです。ギクシャクし

ている当事者たちも大人です。まわりが動こうとしている雰囲気を察知し，対応に乗り出す前に収束するような場合もあります。後で聞いたら，当事者たちも収まりをつけるために何かしらきっかけを欲していた，というような場合もあります。

意見を述べることも必要

　もめている双方から話を聞かなければならない事態になったことがあります。どちらかが正しいと判断を下さなければならないと思って臨むと気が重いものです。「双方の話を冷静に聞こう。間に入って整理することで2人に気づいてもらおう」という気持ちで動きました。

　冒頭に「すみません。先生にも心配をかけてしまいまして…」という言葉が2人からあったことで，落ち着いて話を聞くことができました。

　話を聞いているうちに，これは互いに考え違いをしているなと感じたので，冷静に思うところを述べました。少なくとも，2人の間をなんとかしたいという思いは伝わったことが実感できました。時間が経過していたこともあって，2人とも完全にすっきりした気持ちにはならなかったと思いますが，「まわりの皆さんが気まずい思いをするようなことだけはしません」という言葉を聞くことができ，安堵しました。

　こういった問題は，時が解決することもあります。いつのまにか，2人の間の妙な雰囲気を感じなくなることもあります。したがって，**あせって解決を急ぐよりも，心にゆとりをもって，「心配していますよ」というメッセージを送り続けることの方が得策**であると言えるでしょう。

もめている当事者から話を聞く前に，まわりから状況を聞いてみよう。リーダーとして意見を述べることも時には必要になるが，時が解決する場合もあるということを心得ておこう。

宿泊行事でトラブルが起きたら…

宿泊行事は，2，3日とはいえ，子どもを学校の責任のもとで預かるわけですから，神経をつかいます。特に，スクールリーダーとなれば，宿泊行事における責任は重く，行事中は気が休まりません。そんな中でのトラブル発生は，あらかじめ想定していても慌てるものです。冷静かつ迅速に対応するには，どうすればよいのでしょうか？

宿泊先で病院へ連れていくとき

　子どもが急病にかかり，宿泊先のホテルなどから病院へ連れて行った方がよいと判断される場合があります。病院へ向かう前に保護者と連絡をとり，状況と判断を伝えて了解が得られるとよいのですが，なかなか連絡がとれない場合があります。その場合は，**医師に診てもらうことを優先すべき**です。ただし，保護者への連絡を取り続けることは忘れてはいけません。宿泊行事前には，保護者に緊急連絡先を確認していることと思います。現在は，携帯電話の番号であることが多いので，学校からの着信が携帯にあれば，保護者も気づき，折り返してくれることでしょう。

　医療機関受診後の連絡は，言うまでもなくスピードが命です。保護者への連絡は，何よりも優先しましょう。

即時性のある学校ホームページ発信

　その他に想定される緊急事態は，地震の発生です。昨今は，宿泊行事前に地震発生時の対応についても当然確認されているはずですから，それに従っ

て落ち着いて行動することです。

なお，右の写真のように宿泊行事の様子を学校ホームページで随時発信する学校も増えてきています。この記事をアップするとアクセス数が一気に増加します。**即時性のある情報発信は保護者のニーズも高い**ということです。

予定した時刻より遅れるとき

予定した時刻通りに学校に帰着できないことがあります。保護者は子どもの帰宅を心待ちしているので，宿泊行事から戻ってくる時刻は気になるものです。したがって，遅れることがはっきりした時点で，すぐに保護者には連絡した方がよいでしょう。

その方法は，学校ホームページが一番簡単です。一定の手続きを踏めばどこからでも学校ホームページが更新できる体制の学校であればすぐにその場から，そうでない学校は在校の教職員に連絡をして，遅れることを発信するとよいでしょう。

また，「緊急メール配信」など，保護者のアドレスへメールを配信できる体制が整っている学校もあるでしょう。

いずれにしても，**遅れることが明確になった段階で，すぐに情報発信をしましょう。**

医療機関で診てもらう場合，できるだけ早く保護者に連絡をとろう。宿泊行事の様子を随時発信することは，保護者のニーズも高い。遅れることの連絡は，明確になった段階でできるだけ早く。

子どもが事故を起こしたら…

学校は第一に子どもが安全に安心して過ごせる場でなくてはいけません。しかし，子どもによる事故が起こるのが学校なのです。事故を皆無にすることは不可能です。したがって，スクールリーダーは，あらかじめ様々なことを想定して，事故対応の際に時間をむだに過ごしてしまわないようにすることが大切です。

救急車を呼ぶことを躊躇しない

　管理職という立場になり，いつも自らに言い聞かせていたことの1つが，「救急車を呼ぶことを躊躇しない」ということです。
　「緊急車両の出動を依頼すると，まわりから学校で何か重大な事故が起こったのではないかと思われるので，できれば避けたい」というのは考え違いです。
　もちろん，躊躇しないと言っても，頻繁に呼んではいけません。**救急車の要請判断は，直感を大切**にしてください。長年の教員生活の中で，「この場合は呼ぶべきだ」という直感が働くものです。そのときに躊躇しない，ということです。

首から上の怪我は病院へ連れていく

　怪我の対応で基本としておくとよいことは，首から上の怪我はできるだけ早くに病院へ連れていく，ということです。
　首から上の怪我，つまり**頭部の怪我は，軽く見てしまうと後で大事に至る

恐れがあります。私自身の経験でも，「これぐらいなら病院での診察は不要だ」と一度は思ったものの，再度考え直し，病院へ連れていくように教職員へ指示したことが何度かあります。

医療機関で診てもらえば，ひとまず安心することができます。保護者へ連絡・報告する場合も，医療機関へ連れて行っている最中であることや，診察の結果大事には至らなかったことを伝えると，より安心されるでしょう。

事後対策も迅速に

救急車を呼ぶ，病院へ連れていく，という対応は，どの学校でも迅速に行っていることでしょう。それに対して，**手を緩めがちなのが，事後の対策**です。これもできる限り迅速に行うことが大切です。

高湿度の影響で，廊下がまるで水を撒いたような状態になったときがありました。注意はしていたものの，子どもが滑った拍子に頭部を強く打ち，病院へ運ぶという事故が起きました。

廊下を見てみると，半端ではない水の量です。多くの子どもがどうしてもそこを通らざるを得ず，昇降口前なので通行禁止にもできません。

事故当日ほどではなくても，湿気で廊下が滑りやすくなる状況は，年に数度見られたので，早急に対策に乗り出しました。水を吸い取ることができる掃除機を購入したのです。結果的にはこれは正解で，昇降口前廊下だけではなく，多くの箇所の水を短時間で吸い取ることができました。人海戦術で，子どもや教職員に雑巾がけをしてもらうことも考えましたが，そのために学校生活のリズムを乱すことになるので，掃除機を購入することにしたのです。

> 「今は救急車を呼ぶべき」という直感が働いたら，躊躇せず呼ぼう。首から上の怪我は，医療機関での診断が必須。事故への対応を迅速に行うことはもちろん，事後対策も手を緩めず迅速に行おう。

教職員が事故を起こしたら…

スクールリーダー，特に校長や副校長（教頭）は，教職員が交通事故を起こし，早急の対応を迫られることがあります。加害者，被害者にかかわらず，事故当事者である教職員の気持ちを落ち着かせることが一番大切です。これは警察官にできることではありません。ここでは，経験を基にした対応術を紹介します。

「そこに行きます」の一言に感謝される

　ある教職員が，通勤途中に歩行者（中学校生徒）に車を当てるという事故を起こしました。その場からすぐに学校に連絡が入りました。当然のことですが動揺していて，詳細な報告はできません。連絡を受けた私は，
　「そこに行きますから，待っていてください」
と強く言い，すぐに学校を出ました。もちろん，警察が動いてくれたのですが，教職員にとって，上司がそばにいるのは何かと心強いものです。また，**被害者の親には，管理職ができる限り早く会った方がよいと考えての一言と行動**でした。幸い大事に至ることはなく，加害者となった教職員は，「あのときの『そこに行きますから，待っていてください』の一言は一生忘れられません」と言ってくれました。

　私は，特別な行動をしたわけではありません。その場に行き，本人を落ち着かせたこと，第三者として事故の状況を冷静に聞いたこと，被害者はもちろん，保護者にも深く頭を下げたことくらいです。

　もし，自分がその教職員の立場だったら，すぐさま現場に来てくれたリー

ダーには，やはり深く感謝をすると思います。まさに「誠意はスピードに表れる」ということです。

教育委員会への即時報告を怠らない

　教職員が事故を起こした場合は，教育委員会への即時報告が重要です。経験談ですが，報告するまでもないと考えていた事案について，地域の方から教育委員会へ連絡が入ったことがありました。教育委員会からすぐに学校に問い合わせがあり，「実は…」ということになりました。

　教育委員会からは「報告に値するほどのことではないと判断されたのかもしれませんが，通報を受けたときに『まったく知らなかった』では困ります。今後は気をつけてください」と指導を受けました。**すぐに報告しておけば迷惑をかけることはなかった**と反省しました。

「不祥事ではないか」という電話

　あるとき「…という話を耳にした。不祥事だ。すぐに対応しろ」という電話が入りました。

　こういう場合も，即時に対応しなければなりません。まずは，電話の内容の真偽を確かめるために動きました。ただし，全方位に気を配り，特に人権侵害とならないように配慮しなければならないので，情報を伝える人は限定し，これからの対応について相談しました。

　こういった話は，ある種の誤解であったり，時にはまったくの誤報だったりすることもありますが，**最優先で動くことで，時が味方をしてくれる**ことを肝に銘じておきましょう。

> 事故を起こした教職員の心を落ち着かせることは，リーダーの重要な仕事。教育委員会への即時報告も忘れずに。不祥事に関する情報への対応は何事にも優先して動こう。

第4章

日常生活の
タイムロスを
なくす
時間術

ものの「定位置」を決める

正直なところ，整理整頓は苦手でした。それが，あるころから整理整頓を進んでするようになりました。情けない理由ですが，年齢を重ねたせいか記憶があいまいになり，もののありかを覚えていられなくなったからです。今では，整理整頓をすることでこんなに楽になれるのなら，もっと早くからやるべきだったと思っています。

心の底から整理整頓が必要だと思う

　ショッキングなことは，人を変容させるようです。
　若いころは，本や書類が散らかしっぱなしの机の上からでも，何も考えずにただ入れ込んでいた棚や箱の中からでも，必要な物は一発で見つけることができました。
　それがいつしか「えっと，あれはどこにしまっていただろうか…。確か，ここだ…。あれっ，違うな…。そうそうこの棚だ。あれっ，ここにもないぞ…。そうか，大切なものだから，特別な場所に置いておこうと思ったのかもしれない。…ああ，ここにもない。困った，どうしよう…」といったことが頻繁に起こるようになりました。自分自身が本当に情けなくなりました。**ものを探すことに，いったいどれほどの時間がとられているのだろうか。「このままではいけない」**と心の底から思いました。

整理整頓＝ものの定位置を決めること

　整理整頓は，言い換えれば，ものの定位置を決めることです。位置が定ま

っていれば，必要とするものにすぐにたどり着くことができます。整理整頓という言葉から，いろいろなものが整然と置かれていることをイメージしがちです。また，整理本には，まさに芸術的にものが並んでいる写真が掲載されていることが多く，整理整頓を始めようとしても，「とてもあんなふうにはできない…」と思う人も多いのではないでしょうか。

しかし，とりあえず「これはここに置いておく」と定位置を決めることだけに限定して行えば，随分と気楽にできるものです。

出かけるときに必要なものを1か所に

整理整頓の一例です。右の写真は，私の机の上に置いてある箱です。この中には，車のキー，部屋の鍵，時計が入っています。私にとって，**出かけるときになくてはならない3つの道具をひとまとめにして保管している**のです。

一つひとつをバラバラに保管していると，慌てているときに限って，何かを忘れてしまいます。家の鍵をかけて，さぁ車に乗ろうというときになって，車のキーを忘れていることに気がつき，また家の鍵を開けて取りに戻る…という経験をたびたびしてきました。

ところが，このように，出かけるときに必要なものを1か所にまとめておくだけで，そういったことがなくなりました。

これも，整理整頓によってタイムロスをなくす術です。

> 整理整頓の本質は，場所をきれいに保つことではなく，ものの定位置を決めることだと考えてみよう。出かける際に必要なものをまとめておくのも時間術の1つ。

「躊躇なく」ものを捨てる

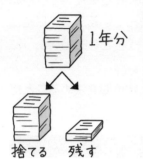

「捨てることでタイムロスをなくす」とは，どういうことでしょう。例えば，棚を整理していると，「これはこんなところにあったのか」ということがあります。「いつか使うから…」と思って保管しても，保管場所さえ忘れていては，二度と使うことはないでしょう。そういった不要物がたくさんあると，日常生活で時間を失う要因になります。

捨てる勇気をもつ

　人は一度手に入れたものはなかなか捨てられないものです。特に昭和生まれの人には，そういう人が多い気がします。もちろん私も昭和生まれです。
　ある書籍で目にした言葉です。
　「人がこの世を去りゆくとき—手に入れたものはすべて失い，与えたものだけが残る」
　この言葉を目にしたとき，深く感動しました。手元にどれだけものがあっても，亡くなってしまえば意味はないということです。これまで，ものを溜め込むことで幸福を感じていた自分を振り返りました。
　実際，「いつか使うかもしれない…」と思って保管したもののうち，もう一度使ったものは，経験上10%にも満たないと思います。
　やはり，捨てる勇気をもつことは大切です。

何を捨てるか

　職員室の場合で考えてみましょう。職員会議で配付された文書は1年経っ

たら捨てることです。教職員全員に配られている文書を一人ひとりが同じように保管しておく必要はありません。記録保管用のファイルがあるはずですから，自分の文書は捨てましょう。必要になることはまずありません。中には，自分が担当となったときのため，すべての書類をきっちりと保管しておく人がいますが，**分掌引き継ぎのときに前担当者から文書をもらえばよい**のです。

　また，机下に何気なく置いているものはないでしょうか。「いつか使うかもしれない。でも，机の中には入らない。じゃあ，とりあえず机の下に置いておこう」ということで置いたものの，そのままになっています。そもそも，**使う必要のあるものなら，その位置にはないはず**です。思い切って捨てましょう。

🕐 不要なものをもらわない

　捨てることも大切ですが，不要なものをもらわないようにすることも重要です。

　街頭で配付しているポケットティッシュを必ずもらってくる人がいました。机上はそのポケットティッシュの山です。しかしその人は，いつも取り出しやすいボックスティッシュを使っているのです。**使わないものはもらわない**ことです。

　文房具類でも，自分が購入したものではなく，いただいたものがいろいろとあるのではないでしょうか。**気持ちだけを感謝して受け取り，ものをいただくことは遠慮することも時には必要**です。

「いつか使うから」という精神を改め，捨てる勇気をもとう。職員室の机上や机下を見直すと捨てるものはたくさんある。また，捨てる以前に，不要なものをもらわないことも大切。

「メモの環境」を整える

「あれはどうなっていただろうか」と思い出したり，調べ直したりすることで時間を費やすことがないでしょうか。「あのとき簡単なメモでもとっておけばむだな時間を使うことはなかったのに」と後悔することはありませんか。メモ魔と言われるほどになる必要はありませんが，デジタル時代になっても，アナログメモは重要なツールです。

思いついたことをすぐにメモする

「どうしてあのような教材ネタを思いつくのですか？」と聞かれることがあります。これに対する明確な答えはありません。ごまかすわけではありませんが，「ふと思いつくのです」と回答をしています。

ただし，この思いつきの要因になっているかもしれないと言えることがあります。

それは何かにつけてメモをとるという習慣です。かなり以前のことですが，コンピュータを活用した研究授業のネタを開発したことがあります。

当時の校長から私へ，「研究授業は新しいコンピュータ教材ネタでしなさい」という指示があったため，数週間前からネタ開発で頭を悩ませていました。いつも頭の片隅にこのことがあったので，喫茶店で軽食をとっているときも考えていたのでしょう。ふと，

「あっ，このネタだ！」

と思い浮かんだのです。こうしたひらめきは，一瞬にして忘れてしまうものです。テーブルに置いてあった薄紙に，持っていた水性ペンでメモしたこと

を覚えています。水性ペンなので滲んでしまうのですが,**頭に浮かんだことを書き出すだけでも,記憶が強化され,思い出すきっかけをつくっておくことになります。**

研究授業に際して九死に一生を得たようなこの経験以後,意識してメモをとるようになりました。

もしあのとき,メモをしていなかったら,「とってもいいことを思いついたんだけど,思い出せない…」とイライラしながらむだな時間を送っていたはずです。

すぐにメモできる環境を整える

私は,机上はもちろん,車の中,トイレでもメモができるようにしています。カバンの中にも,1枚ずつはがせるメモ用紙とペンをセットにして入れてあります。

メモをとる際は,1枚に1事項を原則にしています。書いたら,胸ポケットに入れます。「『超』整理法」

で知られる野口悠紀雄氏が言うところの「ポケット1つの原則」です。**メモした紙をいつも胸ポケットに入れるようにしておけば,それを探す時間はゼロになります。**自宅に戻ると,服を着替える前にディスプレイの前に置くようにしています。これも「ポケット1つの原則」です。

すぐにメモをとる習慣は,発想を助ける。いつでもどこでもメモできる環境をつくろう。メモを紛失しないようにするためには「ポケット1つの原則」がおすすめ。

通勤時間に「小さな目標」を立てる

通勤時間を積み上げるとかなりの時間になる方が多いのではないでしょうか。私は，自宅から離れた地区の教育事務所長を務めていたとき，片道2時間ほどかけて通勤していました。往復で4時間弱になります。これほど長時間の方は少ないと思いますが，通勤のちょっとした時間の有効活用法を紹介します。

小さな目標を立てる

通勤時の移動中に何となく何かをやるのではなく，やることの具体的な目標を決めます。

例えば，読書。電車通勤であれば，「乗換駅までに第3章を読み終える」「勤務先までに第4章を読み終える」といったように，小さな目標を立てます。いつのまにか眠ってしまい，達成できないこともあるでしょうが，そのことを気にする必要はありません。**達成できたときだけ喜べばよい**のです。

教育事務所長はあいさつをする機会も多く，あいさつのネタを考える時間にも通勤時間を使いました。「自宅に着くまでに今度の会議でのあいさつのキーワードを決める」などと目標を立てて帰路に着きます。

このように，小さな目標を立てて実行することで，移動時間がより有効なものに変わります。

ちょっとした資料を読む時間にする

スクールリーダーのもとには，様々な教育機関から冊子や資料が届きます。

教育系の新聞を購読されている方も多いでしょう。届くとすぐに目を通すことは少なく，またの機会に読もうと思い，そのまま机上に積んでしまいがちではないでしょうか。

しかし，こういった冊子や資料に目を通す時間は，学校にいる間はまずありません。そこで，通勤中に読むようにします。読書と同様に，「最寄駅に到着するまでに読み終えよう」などと決めてしまうのです。

私は，**はじめに目次を見たり，全体を眺めたりして，精読する記事を決めます**。例えば，ある教育冊子があるとしましょう。目次で，著者やタイトルから，ここだけは読んでおこうと決めるのです。あとは読みません。「ここも読んでおいた方がいいかな…」と迷うこともありますが，時間には限りがあります。読まないと決めた多くの文章は，もともと縁がなかったと思うことにしました。

勤務先に到着したら，多くの場合，その冊子はゴミ箱に捨てていました。保存しておきたい内容であれば，該当ページだけ切り取って，手元に置きました。しかし，後日それを活用することはほとんどありませんでした。「いつか必要かもしれないものは，永遠に必要ないものである」ということです。

時には寝ることも時間の有効活用

通勤中に寝てしまったら，せっかくの時間をむだにしてしまうと思う方がいますが，私はそうは思いません。**場合によっては，疲れをとるために寝てしまうのも時間を大切に使うこと**だと思います。あっという間に寝て，乗り換えや最寄の駅で寝過ごさない術を身につけたいものです。

小さな目標をつくることで，通勤時間をより有効に活用できる。通勤時間は，学校では読む暇がない資料などに目を通す時間でもあるが，時には睡眠時間にあてるのも時間の有効活用法。

トイレを「ちょっとした仕事場」にする

昔から物事を考えるのに適した場所は,「三上」と言われています。三上とは,馬上(ばじょう),枕上(ちんじょう),厠上(しじょう)です。現在でいうと,通勤時,起床就寝時,トイレ時ということになります。トイレでは,1人でじっくり考える時間をもつことができます。ここでは,そのようなトイレタイムの有効な活用法を紹介します。

🕐 今日のスケジュールを考える

「トイレに入ったときぐらい,あれこれ考えず,ぼーっとしていましょうよ」という声が聞こえてきそうです。もちろん,その考えを否定するつもりはありません。「こうすると意外といいですよ」という紹介ですので気楽に読んでください。

朝食後にトイレに入る習慣がある私は,まずその日のことを考えます。例えば,教務主任であったときには,朝の打ち合わせで言っておかなければならないことはないかと考えました。教頭のときは,その日の提出書類のことや来客のことなどを,校長のときには出張や会議のことなどを考えました。

これだけのことですが,その日の過ごし方をあれこれ思うだけで,「備えあれば憂いなし」と,心が落ち着きます。また,**あるスケジュールがトリガーとなって,対応を忘れていたことを思い出したり,新たなアイデアが浮かんだりする**ときがあります。逆に,「今日は何かあったっけ…」という程度の日もありますが,そういうときはトイレを出たら確認すればよいだけです。

タブレットを持ち込む

　潔癖症の方にはとても受け入れていただけないと思いますが，私は自宅のトイレに入るときにタブレットを持ち込みます。

　タブレットで，いつも訪問するサイトを巡回します。その時間だけで10分ほどとっているでしょうか。だれもが，いくつかの新聞や学校ホームページなど必ず巡回するサイトをもっていることでしょう。特に**学校ホームページは，定点観測するつもりで眺めるとよい**と思います。意図的に情報を得ようとする巡回ではないので，このようにトイレ時間を利用することがちょうどよいと思っています。

トイレで読書はあり or なし？

　トイレで読書をしている方もいるかと思います。お風呂の中で読書をする人もいると聞きます。

　私も一時期，トイレに本を持ち込んだり，何冊かの本を置いてみたりしたことがありましたが，私にとって，トイレは読書には不向きでした。なぜなら，読み始めると止まらなくなってしまうからです。家族から「トイレが長すぎる」と怒られました。

　ただし，新聞や小冊子類をトイレ時間で読むことは頻繁にしていました。**短時間で読み終えることができる**からです。

> 朝のトイレタイムは，今日のスケジュールの点検に最適。タブレットを持ち込んだり，小冊子類を持ち込んだりして，時間に見合った情報を得ることがおすすめ。

忘れ物を「しようがない方法」を考える

大人の方に忘れ物をしない方法を紹介するのは失礼なことですが，忘れ物については，教師ならではの悩みがある方も多いと思います。学校の情報化がかなり進んできている今だからこその，忘れ物をしない方法もあります。ここでは，体験的に学んだ，教師のための忘れ物をしない方法を紹介します。

学校から持ち帰らないことが一番

　ここで想定している「忘れ物」は，業務に関係ある文書や必要なグッズを指しています。持ち出し禁止の文書類を自宅に持ち帰らないのは当然として，そのほかに自宅で処理しようと考えて持ち帰る文書はあると思います。
　ところが，遅くまで時間をかけて作業したその文書を，うっかり自宅に忘れてしまったということはありませんか。私は幾度かあります。その都度，管理職に伝え，時間休をとって学校と自宅を往復しました。まさにむだな時間を自分でつくり出していたのです。こうした経験から，小学生のように，その日のうちに明日持参すべきものは，すぐに鞄にしまっておくことにしました。しかし，考えてみれば，そもそも**学校から持ち帰ることがなければ，忘れることもない**わけです。

情報化を利用する

　ここでは，見方によっては忘れ物防止策とも考えられる，ネットワーク環境を紹介します。

教職員用のコンピュータを1人1台ずつ配当し，教職員専用の校務支援システムによって，多くの業務の効率化を図り，互いの情報共有が容易になっている学校が出てきました。

　さらに，どれほど業務を精選しても，持ち帰り仕事を皆無にすることはできないという考えから，**家庭から学校で活用している校務支援システムに入り込むことができる環境を整えている学校もあります**。家庭のコンピュータに専用キーを差し込むことによって，ネットワークを通して，学校の校務支援システムが家庭のコンピュータで活用できるのです。つまり，家庭のコンピュータで，学校で活用しているコンピュータと同じ働きができるわけです。校務支援システムに保存しておいたデータを呼び出し，新たに情報を書き込み保存することができます。そのデータは，家庭のコンピュータに保存されるのではなく，学校のコンピュータに保存されます。

　こうした環境が整っていれば，学校で作成したデータをUSBメモリなどに保存して，学校外に持ち出す必要はありません。

「忘れました」は信頼の低下を招く

　スクールリーダーという立場になると，教職員から様々な相談を受け，「そういうことなら，私の本をお貸しします。家にあるものを持って来ますね」という会話をすることもあるでしょう。

　相手がそれを心待ちにしている場合，「あっ，忘れました。明日持って来ます」では，信頼の低下にもつながりかねません。リーダーたるもの，**頼まれたことは絶対に忘れないように，当日に鞄に入れておく，玄関の靴のそばに置いておく，などの工夫をしたい**ものです。

> 家に忘れ物をしない一番の方法は，学校から持ち帰らないこと。ネットワーク環境の発展で学校と家の仕事環境の垣根は下がりつつある。リーダーとして頼まれ事を忘れるのはNGと心得よう。

「自分に合った スケジュール管理」 の仕方を見いだす

スケジュール管理には様々な方法があります。私自身も過去を振り返ってみると，紙の手帳に書き込んだり，電子手帳で管理したり，クラウドのスケジュールシステムを活用したりと何種類もの方法をとってきました。ここ数年は，紙の手帳とクラウドシステムの両方を利用して，スケジュール管理をしています。

紙の手帳を活用する

紙の手帳は，教職員手帳を長く活用しています。学校は4月始まり，3月終わりですから，紙の手帳も年度管理が大前提となっているものを選んでいて，このことから教職員手帳を使っています。

ただし，私が活用している教職員手帳は市販されていません。県教育振興会特製で，年度末に近づくと，振興会から教職員対象に販売されているものです。市販されている手帳でも，年度管理を意識して構成されているものがあるようです。

同じ教職員手帳を何年も使っていると，その中で手帳の記入の仕方も定まってきました。

校外会議は上段に書きます。時間と場所を簡単に記入します。校内会議や行事は中段に書きます。提出物は右側に赤字で書きます。終わった時点で，「済」と書き込みます。

　出張時に活用する**交通機関の経路や時刻は，右ページに特記しておきます**。同一会議は，同じ会場で同じ時刻に開始されることが多いからです。次回の会議のときに生かせる情報となります。

クラウドを活用する

　クラウドでのスケジュール管理は，私はグーグルカレンダーを利用しています。様々なカレンダーがあるので，いろいろ試してみて，自分の好みに合ったものを選ぶとよいでしょう。

　カレンダーに書き込んでいるデータは，出張，学校行事，提出物の３項目だけです。色を変えて記入しています。

　あらゆることをクラウドカレンダーに書き込み，情報の一元化をしている方がありますが，私はそこまではしていません。クラウドカレンダーはネットサービスであるため，システムが突然停止されたり，情報が他人に見えてしまったりすることを心配するからです。

　クラウドですから，**どのコンピュータでも，スマホでもスケジュールを閲覧したり記入したりできます**。これは紙の手帳にないメリットと言えるでしょう。

スケジュール管理の方法は様々。紙の手帳，クラウドなど，それぞれの長所，短所を理解して，自分に合ったスケジュール管理を試みよう。

第5章

役職別
毎日の業務が
みるみる片づく
時間術

教務主任

年間計画を
効率的に作成する

来年度の
年間計画も
随時更新…

　教務主任が年間計画（授業，行事等）のたたき台をつくる役割を担っている学校が多いでしょう。年間計画は早期の作成が望まれますが，私ははじめて教務主任として年間計画を立てたとき，想定以上に時間がかかってしまい，まわりに迷惑をかけました。そのときの失敗を踏まえ，その後行ってきた年間計画の効率的な作成法を紹介します。

1年先の計画は1年前から立案

　はじめて年間計画を立てたときは，「年間計画は来年度のことなので，年度末にしか立てることができない」と思い込んでいたことが間違いでした。まずは，「1年先の計画は1年前から立てることができる。むしろ1年前から立てた方がよい計画になる」と認識することです。

　年間計画に入れ込んでおくべき事柄は，入学式，新入生歓迎会などの儀式的行事をはじめ，健康安全・体育的行事や旅行・集団宿泊的行事，学年行事等も含めた各種行事，職員会議などの諸会議，テストや成績処理日程などがあります。

　過去の年間計画を確認してみると，どの行事も一定のルールのもとに組まれていることに気づくと思います。例えば，「新入生歓迎会は4月第3週目の木曜日実施」など，曜日まで固定されているケースです。**実施日が数年間変化していなければ，来年度も同じ日程で行えば問題が生じることはまずないでしょう。**

　このように考えてみると，例えば4月が終了した時点で，来年度の4月の

計画を立てることは十分可能と言えます。

来年度の年間計画表に書き込む習慣をつける

前ページで紹介したように，前年度に随時来年度の計画を確認するようにしておけば，年度末は微調整で済み，職員会議で早くから提案ができます。この方法にはもう1つポイントがあって，来年度の年間計画表に書き込むことができるようにデータファイルを用意しておくことです。私の場合はエクセルで年間計画表をつくっておき，1か月が終わる段階でその月を振り返って行事等を書き込んでおきました。

特に，**今年度と実施時期を変更することを考える場合は，その理由も書き込んでおきます**。そうしておかないと，年度末に提案する場合，その理由が思い出せないことがあるからです。また，長い時間をかけて提案をする必要もありません。変更理由が書き込まれた提案であれば，口頭による説明がなくても誤解を招くことなく理解してもらえることでしょう。

年間計画データを共有する

年間計画データは職員室内サーバに置き，だれもが使えるようにしておくとよいでしょう。**自分の時間を生み出したいなら，まず他人の時間を生み出す配慮をすること**です。年間計画データの共有化は，学年主任など他のリーダーにとってありがたいことです。各自がゼロから作成していたのでは，学校全体でみると，かなりの時間をロスすることになります。

年間計画は，前年度の同時期から小刻みな作成を心がけ，計画変更を考えたときは，その理由のメモを。年間計画のデータを共有することで，学校全体の時間のロスを防ごう。

教務主任

月予定を効率的に作成する

教務主任が特に忙しいのは，月予定（週予定）の立案があるからです。月予定には様々な形式がありますが，どんな形式であっても，時間割，学校・学年行事，特記事項（出張者一覧，提出物一覧等も含む）は共通項目だと思います。これらの項目を各学年の考えも踏まえて組み入れなければならないことで時間がかかるわけです。

空白予定表と昨年度の予定表を渡す

　教務主任をしていたときの体験談です。
　月予定は3か月先まで提案することを常としていました。おそらくどの学校も翌月のみならず，2，3か月先の予定が出されていることと思います。充実した教育活動をするには，先の見通しをもつことが必要だからです。
　ところが，月予定は，自分が把握している情報だけでは立てることができません。各学年をはじめとした校内組織の意向を把握して，それを反映しなければならないからです。教務主任になったばかりのときは，このことに気づかず，自分の視点のみで立案した月予定を提案したために，学年主任から変更や調整の依頼がたくさん出され，かなりの修正をすることになりました。そこで学んだことは，**まずは各組織の考えを聞いたうえで立案した方が早く作成でき，修正も減る**ということです。
　そこで次のステップを踏み，月予定を立てることにしました。

❶各組織の代表者（学年主任，生徒指導主事，進路指導主事ら）に3か

月先までの空白予定表（時間割やすでに決まっている事柄は記入済み）と昨年度の予定表を渡す。
❷代表者に昨年度と同じように月予定を立ててよいか確認する。修正や削除，追加する事項があれば，空白予定表に書いて提出してもらう。
❸提出がない場合は，その組織に関する予定は昨年通りである，ということを共通認識にしておく。

　この方法で，月予定に入れるべき事柄を把握したうえで計画を練りました。各組織の意向を尊重しつつ，重なりが生じて調整が必要な事柄については，担当者と相談したうえで決めていきました。

年間計画データを月予定作成に活用する

　私は，エクセルの年間予定データを基にして月予定も作成していました。
　そのよさはいくつかあります。年間予定の項目を月予定表用に増やすことが容易だからです。例えば，年間計画が「月，日，曜，行事」という項目であれば，「曜」の後に「時間割」を加え，「行事」の後に「事項」を増やすことが，エクセルであれば簡単にできます。年間予定ですでに入力してあるデータが活用できるので，作成時間の短縮にもなります。
　印刷時には，項の非表示機能を使って打ち出したい項のみにすることができます。また，すべてを１枚に収める機能があるので，配付用の印刷にも苦労はいりません。しかし，１枚にしようとすると字の大きさが小さくなり過ぎてしまったりするので，途中から**印刷配付を止め，職員室ネットワークで各自閲覧してもらう**ようにしました。

月予定を効率的に作成するポイントは，最初に各組織の考えを聞くこと。年間計画データの流用でも効率化を図ろう。状況が許せば，印刷配付を止めることも一手。

教務主任

提案文書を効率的に作成する

教務主任になると，学校行事案を作成することが多くなります。立場上，成績処理関係文書の作成も多いことでしょう。校内で一番多くの提案文書を作成するのが教務主任といっても過言ではありません。文書を減らすといっても，教務計画文書はなかなか減らすことはできません。ならば，できる限り短時間で作成したいものです。

昨年度のものをベースにすればよい

「せっかく教務主任を拝命したのですから，あなたらしさを出してください」とよく言われると思います。もちろんそうでありたいと思いますが，すべてにわたってオリジナリティを発揮するというのは無理なことです。例えば，定番となっている行事は，これまで通り進めることを基本とすればよいのです。特に，儀式的行事は大きな問題がなければ変更する必要はないと考えてよいでしょう。

したがって，こういった行事にかかわる提案文書は，日付，時間，担当者名を変更するのみにして短時間で作成します。担当者名は，立場を付け加えておくと，次年度に作成するときに楽になります。例えば，「伊藤（２学年主任）」「山田（生徒指導主事）」などと，**担当と立場を一致させておくと，機械的に担当を割り当てることができます。**

そのほかにも，成績処理全般についての提案文書も，毎年内容を変えるものではありません。発行期日を変更する程度の提案でよいでしょう。

このように考えると，ほぼこれまで通りでよい提案がかなりあると思いま

す。変更すべき点に漏れやミスがないかに留意して、文書をテキパキと作成しましょう。

教務主任文書専用データベースをつくる

教職員数が大人数の職場であればあるほど、文書を印刷・配付する時間がかかります。職員室ネットワークが整っている職場であれば、例えば、「教務主任文書専用データベース」をネットワーク上に設けると大幅な時間短縮が図れます。

教務主任として発行する文書をネットワーク上の該当フォルダにすべて保存しておき、教職員にはその文書を閲覧してもらうようにするのです。また、印刷された文書が必要な人は、各自で印刷してくださいと依頼をします。これで、印刷・配付の時間がなくなります。データでの閲覧であれば、**留意してほしい内容や昨年と変更した点を赤字で表示しておくといったことも可能**になります。

校務支援システムが導入されている、いわば校務の情報化が進んでいる職場では、上記のことは当たり前で、様々な点で業務の効率化が図られています。

定番の行事はこれまで通りを基本とすればよい。そうすれば提案文書の変更も必要最低限で済ませることができる。ネットワークの活用で、文書のペーパーレス化も視野に入れよう。

教務主任

評価・評定のチェックを効率的に行う

教務主任は「評価の番人」です。観点別学習状況の評価・評定は、校長が組織上の最終責任者ですが、実質的な責任者は教務主任だからです。各担任から提出された評価・評定の妥当性を確かめ検討が必要な箇所を指摘したり、転記確認をしたりするのは、教務主任の大切な仕事です。時間がかかる仕事なので、少しでも効率化を図りたいものです。

確認作業は2人で行う

評価・評定に限らず、確認・点検の作業がかなり多いのが教務主任の仕事の特徴です。立場上、管理の役割を担っているからです。校務の情報化が進んでいる職場であれば、情報の一元化によってその作業が軽減され、業務の効率化（時間短縮）ができるわけです。

しかし、現状このような環境の職場の比率は高くありません。では、どのようにして効率化を図ればよいのでしょうか。

結論から言うと、古典的な方法ですが、**人海戦術が良策**です。観点別評価・評定の項目数は膨大です。例えば、中学校であれば、1教科で、評価4・評定1項目ありますから、9教科で45項目です。仮に生徒数が500人であるとすると、22,500項目のチェックをすることになります。これを教務主任1人でやっていたのでは、絶対に見落としが出ます。

こういう場合こそ、人に頼ることです。1人が原本を読み上げ、転記された状況を確認します。方法としてはわざわざ紹介するほどのものではありませんが、**昨今は、他人に分担を依頼することに神経を使い過ぎる傾向がある**

ので、あえて紹介しました。

評価・評定の妥当性を確認する

　教務主任にとっては、観点別学習状況の評価・評定の妥当性を確認することの方が、確認作業より重要と言えます。

　ただし、観点別評価と評定の関係を一律にするのは望ましいことではありません。ある観点に重みがつけられていれば、観点別評価が同じであっても、評定は異なる場合があるからです。

　立場上、教務主任が行うことは、例えば、観点別評価が「ABBB」で、評定が「4」と「3」の生徒がいたときに、「この評定で確かに間違いないのですね」といった確認をすることです。

　ただし、この作業は何人かの職員でやれるものではなく、教務主任がやらなければいけません。校務支援システムが入っていない学校においても、ある程度のデジタル化はされていると思います。**評価・評定のデジタルデータを基に、観点別評価を基軸として並び替え、チェックするのが良策**です。あるいは、提出時に、上記のように観点別評価と評定の関係が様々ある場合には、職員に申告するように依頼することです。

　経験上、特に教科によって観点別評価と評定の関係が異なっていると、保護者からの問い合わせが増えます。「同じ観点別評価結果なのに、数学は3で英語は2になっているのはなぜだろう」といった疑問が生じやすいからです。

観点別評価・評定の転記確認は、2人ペアで効率よく。観点別評価と評定の妥当性を確認するのは慎重を期すべき仕事だが、本人申告を依頼するなどして、効率化を図ろう。

【教務主任】

時間割調整を効率的にミスなく行う

「時間割作成と調整」も教務主任の重要な仕事です。時間割作成はおそらく何人かでチームを組んで，数日間かけて行っていると思います。しかし，日程変更等による時間割調整や，教科や学年別時間数計算は，教務主任1人の仕事と位置づけられ，結構な時間がとられていることでしょう。これを効率的かつミスなくできる方法を紹介します。

変更のパターンを記録しておく

　昨今は，様々な学習形態を導入している学校が多く，少人数指導や特別支援教育充実のために，本務教員ばかりでなく，何人かの講師が配置されている学校が多くなりました。そのため，人の配置と関係する時間割作成や調整が大変な仕事になっています。

　特に，中学校においては，時間割を変更するときには必ずいくつかの要素に配慮しなければならず，容易にできません。私は，ある教科の実施曜日を変更することを周知したところ，その日には講師が出勤していないことに当日気づき，関係教職員に迷惑をかけたことがありました。それも一度ならず，数度同じミスをしてひんしゅくを買いました。

　そのときに，問題が生じない変更パターンを記録しておくことを覚えました。それまでは，**その都度考えていたので時間がかかり，ミスも生じていた**のです。作業をしながら，「この変更は以前に考えたことがあったような気がするが思い出せない…」と，さらにイライラを募らせていました。

　ちょっとしたことですが，次ページに示すような記録が仕事の効率化とミ

スの撃退につながります。

> A先生　月曜日出張パターン　数学と他教科入れ替え
> 2時間目1年2組B先生理科　→　火曜日4時間目A先生1年2組数学
> 3時間目1年4組C先生英語　→　水曜日3時間目A先生1年4組数学
> 5時間目2年3組D先生社会　→　水曜日2時間目A先生2年3組数学

宿泊行事などによる時間割変更は該当学年に依頼

　宿泊行事の折には，その学年関係者が不在になります。小学校の場合，問題は少ないと思いますが，中学校の場合は引率学年だけではなく，他学年の授業を担当している場合が少なくありません。宿泊行事中にその学年の授業が自習にならないように時間割調整が必要となってきます。

　小規模校であれば教務主任1人で調整ができると思いますが，中・大規模校となると大変です。こうしたことを見越して，**各学年に時間割調整係を置いてもらう**ことをおすすめします。その係に時間割調整を依頼するのです。

　自分が作業をせず他人に任せるわけで，気が引ける方もいると思います。しかし，該当学年に調整を依頼すると，教務主任では把握できないような事情（例えば，宿泊行事における勤務時間オーバーによる回復措置休暇）なども気軽に伝え合えるので，結果として効率的でミスが生じにくい時間割調整が可能になります。

> 時間割調整は教務主任にとって大変な仕事。時間割変更のパターンを記録したり，各学年に時間割調整係を置いたりすることで，効率的でミスのない仕事を実現しよう。

教務主任

若手教師とのかかわりに時間をかける

教務主任となると，若手教師の指導も重要な役割の１つになります。若手教師が指導や助言によってどんどん力量を高めてくれるのはうれしいものです。若手教師の授業を見たり，それについてコミュニケーションをとったりすることには時間がかかりますが，こうしたことにはあえて時間をかけるべきと考えたいものです。

よさを伝えることを優先する

　若手教師へ指導や助言をしている時間が，実際の時間以上に長く感じるようでは，負担以外の何物でもありません。若手教師も同様に長く感じているかもしれません。そこで，若手教師とストレスなくかかわり合う方法を紹介します。

　まず，若手教師の「いいところ見つけ」から始めることです。著名な経営コンサルタントであった故・船井幸雄氏は，「長所伸展法」を推奨していました。傾きかけた企業や百貨店を立て直すのに，その企業や百貨店の強み，よさを一点にしぼり，それを前面に押し出す「一点突破」という姿勢で臨んだのです。若手教師にも，この「一点突破」主義で接することがおすすめです。

　もちろん，改めるべきことを伝えない，というわけではありません。よさを伝えることを優先すべきということです。船井氏は，「マイナス面を引き上げても０地点に達するだけだ。プラス面をさらに高めると，全体が０地点以上に位置するようになる」と言っておられました。

「いいところ見つけ」は，授業を見た後に一言伝える，付箋などに簡単にメモして伝えるなど，自分自身が負担を感じなくて済む方法で行うとよいでしょう。

ともに悩み，喜ぶ

今までに，先輩や同僚とともに授業や行事をつくることのよさを味わったことがあるでしょうか。私は，幸いにして若いころに経験があり，教務主任となったとき，それが若手教師とのつながりを強める原動力になりました。

ある若手教師が研究授業を前にして悩んでいることを知りました。声をかけたところ，すぐに解決できない課題を抱えていました。この場合は**指導的な立場を忘れて，自分も授業を行う気持ちになり，ともに考えることが大切**だと思い，若いころに先輩からしていただいたように接しました。

教科書を基に2人で話し合っているうちに，「これはおもしろい！」というネタが浮かびました。そのとき，若手教師の顔つきが明らかに変わりました。私自身，このネタで授業をしてみたいと思ったのですから，若手教師の気持ちはよくわかります。ネタができると授業展開も浮かびます。話は尽きません。時間が経つのを忘れていました。

続くつながり

若手教師が自分の成長に喜びを感じ，それが教務主任（先輩教師）のおかげだと気づくと，よい関係ができます。学校を異動してもつながりは続き，その教師の活躍を耳にすることもあります。**かかわった時間がいつまでも有効に働く**のですから，まさに「超」時間術です。

> 若手教師への指導は「いいところ見つけ」から。自分自身が負担に感じない方法を工夫しつつ，成長をともに悩み，喜び合えるような関係を築こう。

研究主任

研究計画を
サクサクつくる

研究主任にとって一番重要な仕事は，教職員が研究に向かう意欲を高めることです。次に大切な仕事は，研究のゴールを定めることを含め，研究計画を練り，教職員から理解を得ることです。しかし，研究計画に時間をかける必要はありません。あくまでも計画だからです。ポイントを押さえ短時間でつくればよいでしょう。その方法を紹介します。

研究計画でゴールを明確にする

　研究計画の作成ポイントは，研究のゴールをわかりやすく示し，そこに向かってどのようにアプローチしていくかを明確にすることです。こう考えると，それほど作成には時間がかかりません。**複雑な計画を練っても，形だけで終わる可能性大**です。

　通常の学校業務に研究が加わるわけですから，多忙になることは間違いありません。しかし，多忙と多忙感は違うものです。多忙であっても，教職員が多忙感をもたないように，実践を重ねることが楽しいと感じられるようにすることが研究主任の大切な役割です。

　そのためにも，計画は簡単なものにすべきです。研究への理解を得るために，かなりの時間をかけて作成されているであろう概念図などが示されることがよくありますが，それがどれほど研究推進に効果があるのかは定かでありません。

　かつて「ゲストとともにつくる道徳の時間のあり方」と題した研究をしたことがあります。ゴールは実に簡単です。「全学級においてゲストとともに

つくる道徳（以後，「ゲスト道徳」）を行い，ゲストの持ち味を生かした道徳授業のつくり方について，他校においても実践できるように示す」としました。

🕐 ゴールに向かう方法は大枠を示すだけでよい

　上に示したゴールをよく見てください。**ゴールを読むだけで，この研究を通して何をするのかが明確になっています。**
・全学級において「ゲスト道徳」を行う。
・ゲストの持ち味を生かした道徳授業を実践する。
・「ゲスト道徳」のつくり方を，他校が実践できるレベルで示す。
　この例では，計画で詳細を示しておきたいのは，「ゲストの持ち味を生かす」ことの定義とその方法です。定義は研究主任が決めればよいことです。「皆さんの実践を集めて，ゲストを生かすための方法，つまり『ゲスト道徳』のつくり方を研究発表時に発表します」と明言しておけばよいでしょう。計画はこの程度で十分です。

🕐 計画はいつも目に留まるようにする

　作成した計画を生かすためには，その計画がいつも目につくようにしておくことです。しかし，わざわざそのための作業をする必要はありません。模造紙大に拡大できるコピー等を利用してポスターをつくるなど，**むだな時間をかけるような作業はやらないようにしましょう。**
　また，計画が実践できたときには「花マーク」などをつけることで，「実践の見える化」もできます。

> 研究計画はあくまで計画なので，計画づくりに時間をかけない。研究のゴールとそこに向かう大枠を示し，計画はいつも目に留まるように配慮しよう。

研究主任

研究会議を
サクサク進める

研究関連の会議は，その質とともに，参加者が「研究会議はサクサク進む」という印象をもつように，スピード感をもって進行することが重要です。進行役が時間をしっかり意識すると，参加者は会議に対して好印象をもちます。研究にストレスを感じている参加者もいるので，会議はノンストレスで進めましょう。そのコツを紹介します。

🕐 会議開始にタイムスケジュールを示す

　かつて「不夜城」と称された，教育大学の附属中学校に勤めていました。学校の存在意義に研究を位置づけている学校ですから，研究関連の会議は毎日のようにあり，会議もエンドレスといった状況でした。振り返ってみると，会議をすることが目的となっていたように思います。また，互いに主張し譲り合わない議論が続き，楽しくはありましたが，「議論を通して何が得られたのだろうか」としばしば疑問に思いました。

　このような経験があったので，自分が研究主任になったときには，会議の終了時刻を明言しました。さらに，議題ごとの協議時間も示し，会議冒頭で了解を得て進行しました。会議の他にもやらなければならないことが山積していたので，時刻提示は大いに賛同を得られました。また，時間が短くなったことで議論が薄くなったわけではありません。むしろ，よい議論ができるようになりました。**決められた時間内で自分の考えを伝えなくてはならないので，会議中のむだな時間がなくなった**からです。時間が来ても結論が出ないことはありましたが，継続審議にしたり，代表者会議に一任したりするな

どの手だてをとり，合意のもとに会議を終了しました。

連絡事項は文書で提示することを徹底する

　研究会議を有意義な時間とするためには，連絡事項は文書（職員室ネット上）で提示し，各自で読んでおく，ということにするべきです。職員会議も同様ですが，読めばわかることを延々と提案されることがあります。これは時間のむだです。**口頭での補足を認めない方が良策**です。補足と言いながら書いてあることが説明されることが多いからです。

対立点を際立たせて話し合う

　研究主任の腕の振るいどころは，議論の場面です。短時間でシャープな話し合いができるように，対立点を際立たせるように進行するとよいでしょう。

　授業における課題提示のあり方について議論したことがありました。A先生は「課題提示は授業の冒頭でしっかりすべき」という主張で，B先生は「授業を進行する中で，子どもたちが課題意識をもち出した時点で提示すべき」という考えでした。こういった意見の相違は，全体で考えを深め，研究を推進するために大切にしたいものです。私は次のように提案し，協議を進めました。

　「議論をシャープにするために，いずれかの立場になってください。まずは立場をはっきりするために，どちらかに手をあげてもらいます」

　このことで，だれに対して意見を述べるとよいかが互いによくわかり，相手の教科のことを踏まえたよい議論になりました。

タイムスケジュールを示さず，ダラダラと続く会議はむだが多い。連絡事項などは文書で提示することを徹底しよう。対立点と立場をはっきりさせることで，短時間でシャープな会議になる。

研究主任

短時間の研究会議で成果を出す

○年生の立場からどう思われますか？

研究会議を終えた後，何らかの成果がほしいものです。できれば会議において，共通行動まで合意できるとよいでしょう。会議後に実際にどのように動けばよいかが明確になるからです。そのような会議では，時間が長引いても成果があるので，精神的には短く感じるものです。ここでは短時間で研究会議の成果を出す方法を紹介します。

会議ごとのゴールをはっきりさせる

　様々な会議に出席していると，「この場で成果を出そうとしているのだろうか」と疑問に思う場合があります。会議とは，「会合して評議すること。何かを決めるため集まって話し合うこと」（『広辞苑』）です。
　ところが，主催者から説明を聞くだけ，出席者の意見を順番に聞くだけの会議は少なくありません。研究会議がそうであってはいけません。
　まずは，会議ごとのゴールをはっきりさせることです。
　「研究テーマについての合意を得る会議」
　「各学年から研究の進め方を提案してもらい理解し合う会議」
　「研究発表会の提案内容について意見をもらう会議」
など，会議のはじめにゴールを伝えておくと，**どのような意見を求められているのかがはっきりするので，会議への参加意欲が高まります。**
　私は，ゴールがはっきりしていない会議を「ミステリーツアー会議」と称しています。「いったい我々をどこに連れて行こうとしているのか…」という状態の会議では，「この忙しいのにやっていられない！」と思う参加者が

いても致し方ありません。そういう参加者が1人でもいると，会議の空気はよどみ，同様に思う人が1人，2人と増えていきます。

意図的指名をする

会議の進行が上手な人は，授業も上手な人です。授業は子ども一人ひとりの考えを基にして，つないだり，深めたりしながら，ねらいに迫っていくものです。会議も同様で，参加者一人ひとりの考えを基に，それらの共通点や異なる点に留意しながら，ゴールに向かっていくものです。

授業では，挙手する子どもばかりを指名していたのでは，学級全体の考えは深まりません。会議も同様です。進行役は意図的指名をすればよいのです。それぞれの教員の背景（経験年数，学年，教科，担任など）を踏まえて，**「〇年生の立場から，先生はどう思われますか？」などと発言を促し，共有を図っていくことで，短時間で意義ある会議となります。**

グループ協議を取り入れる

参加者の満足度を高めることも重要です。**満足度は会議の中での発言量に比例する**ようです。そのため，全体で協議する中で，時折2，3人のグループになって意見交換をする時間を取り入れるとよいでしょう。当然ですが，1人の発言量は増え，会議へ参加したという満足感も高まります。

なお，「グループでの話し合い結果を報告してください」という展開はおすすめしません。時間のむだです。グループ協議で参加者の考えは深まったり広がったりしたはずです。それを基にすぐ全体での協議をすればよいのです。

> 会議のはじめにゴールをはっきり伝えよう。会議を活性化させる技術は授業技術と同じ。参加意欲を高めるために，グループ協議なども取り入れてみよう。

研究主任

思い切って文書を削減する

研究主任として，研究発表会の責任者になることもあるでしょう。外部の方を学校に招くとなると，いろいろと神経を使います。研究紀要など外部への説明資料作成も大きな負担になりますが，立場を変えてみると，発表会でもらった研究紀要は，少し見る程度ではないでしょうか。そこで大胆な時間軽減法を紹介します。

従来の研究紀要をやめる

　研究発表会に際して，どの学校も時間をかけるのは研究紀要の作成です。これまでの研究実践と成果を文章でまとめるのですから，時間がかかるのは当然です。

　私が研究主任のときには，実践が終わるたびに学校ホームページにその実践内容と成果等を掲載しました。また，その記事は研究部全員が作成するようにしました。研究紀要はそのデータを集めたものでよいと考え，**ホームページの研究関連データを1枚のCDに収め，参加者に配付しました。**

　ホームページ記事には様々なよさがあります。例えば，1ページ〇行〇列のしばりがないので，実践に合わせて自由に書くことができます。挿入写真や図はカラーで入れ込むことができます。関連項目へリンクづけをしておくこともできます。

　研究紀要はあっという間に完成しました。校長あいさつや目次，奥付データを作成した程度です。

研究会案内を外注する

　教育委員会から研究紀要作成用にいただいた予算は，冊子ではなく，CD配付としたためにかなり余裕が生まれました。

　そこで研究会案内作成を外注することにしました。配付先もこれまでは教育関係機関だけでしたが，保護者や地域の皆さんにも配付することにしました。かねてから**研究の取り組みは，学校を理解していただくためにも保護者などにも知らせ，見ていただきたい**と考えていたからです。

　研究案内は，いわゆる素人の方にも研究内容がわかるビジュアルなものでなければ目に留まりません。そこでプロのデザイナーに案内作成を依頼したのです。教師が研究を進めるためにがんばっていることを知らせたいという要望も伝えて，出来上がった案内が下の写真のものです。

　外注ですから，デザイナーとの打ち合わせと原稿校正に時間がかかった程度です。予算にもよりますが，外注は時間短縮には効果大です。

一番時間がかかる研究紀要作成に時間をかけない方法を考えよう。学校ホームページ発信記事を CD に収めるのは有効な方法。研究会案内は外注も可能。

研究主任

時間をかけず研究成果を見える化する

研究指定校になると，視察者が増え，外部の方に研究内容を伝えることが多くなります。その都度資料を用意していたのでは時間がどれだけあっても足りませんが，時間をかけず研究成果を見える化する方法があります。例えば，プレゼンソフトを活用すると容易に説明資料が作成できますが，ここではアナログな方法を紹介します。

実践を終えるたびに職員室廊下に掲示する

　2年間にわたる研究指定を受けたときのことです。近隣で行われる研究発表会では，体育館に研究概要や実践記録をパネル等で掲示することが常識になっていました。私は，このことを考えたとき，発表会前に改めて掲示物をつくるのは，時間的に大変だろうと想像しました。

　そこで，実践が終わるたびに掲示物を作成し，発表会のときには，その掲示物を展示すれば，時間的に楽になると考えたのです。

　日常の掲示場所は職員室前廊下です。いったんすべての掲示物を剥がしました。そして，**研究関連の授業実践が終わるたびにその実践内容と考察を色画用紙に書き，掲示した**のです。

　右は職員室前掲示です。実践が終わるたびにこのよ

| 学校支援ボランティアと共に創る教育 | 五月一日 山崎先生実践 | 六月四日 水野先生実践 | 六月十一日 川田先生は救急救命士の方と… |

うに1枚の色画用紙に実践内容を書きます。それを順次掲示していきました。

掲示物を使って説明する

　実践ごとの掲示物が増えれば増えるほど，研究が進んでいるとみることができます。また，だれがいつ研究実践授業を行ったかがすぐにわかります。教職員にはプレッシャーとなったようです。「まるで掲示物に研究実践をしてくださいと言われているようだ」と口にした職員がいました。

　この掲示物は，視察者対応にとても重宝しました。職員室廊下の前に来ていただき，掲示物を順次説明していくだけで研究の概要説明ができるからです。視察者のために新たに作成したものはありませんでした。

　またテーマが「学校支援ボランティアと共に創る教育」だったので，授業づくりに参加していただいた地域の方々の様子がわかる写真も掲示物に入っています。地域の方が来校された際にも，目を留めていただける掲示物になりました。まさに，**一石二鳥どころか，一石五鳥くらいの効果がある**ものでした。作成に時間をほとんどかけていないので，コストパフォーマンスも大です。

体育館の掲示物はあっという間に完成

　どこの研究発表会でも恒例となっている体育館での掲示物も，あっという間に完成しました。**2年間で随時作成してきた職員室前の掲示物を移設するだけ**だからです。もし，このアイデアが浮かんでいなければ，発表会前の掲示物作成には，かなりの時間がかかったことでしょう。

研究発表会を視野に入れてスタート時から準備しよう。掲示物を実践終了ごとに作成，掲示しておくと，それが外部の方への説明資料になり，そのまま研究発表会の掲示物として利用できる。

研究主任

時を忘れるほど充実した研究発表会をつくる

他校の研究発表会に参加すると，いつも思うことがあります。研究概要や提案はもとより，発表会までの経緯や裏側まで知りたい，ということです。また，子どもあっての学校ですから，もっと子どもの活躍の場があったらよいと思います。こういったことに配慮すれば，もっと楽しく充実した発表会になるはずです。

研究主任ブースを特設する

すばらしい研究発表会だと思えば思うほど，発表会までの経緯，特に裏の苦労を知りたいと思うのは，私だけではないでしょう。自校で発表会を行ったときに，この思いを実現しました。研究主任ブースを特設（教室設置）したのです。このブースでは，**「研究の歩みの裏側を正直に語ります」**と知らせました。

おかげさまで満員になりました。人を入れ替えて同じ話を2回しました。質問も多数出ました。質問が多数出るということは，本校の研究に興味をもち，取り組みを参考にしたいと思っているということです。実に楽しい時間で，それまでの苦労を忘れることができました。

特派員生徒を任命する

研究発表会では，総合的な学習の時間で育てた生徒の力を発揮させたいと考えました。そのため，希望する生徒を集め，2人1組で15グループをつくり，特派員に任命しました。

特派員の仕事は研究発表会当日の取材と発表です。**2人1組で，参会者に直接インタビューさせる**ことにしたのです。質問は次の2項目です。
　「研究内容は参考になりましたか？」
　「先生の学校も，この学校のように取り組んでみたいと思いますか？」
　いきなりのインタビューで参会者の方には驚かれましたが，どの方も生徒の質問に真摯に応えてくださいました。1人の生徒はデジカメを持ち，許可を得て，インタビュー風景を撮影しますから，参会者もいい加減な対応はできません。

特派員生徒が発表する

　体育館での全体発表では，特派員にインタビュー報告をさせました。特派員の代表は，15グループによるインタビュー結果をまとめ，ほぼ台本なしで発表しました。
　「とても参考になったという方は95％になりました。○先生の授業実践がとてもよかったと言われた方がありましたよ。○先生，うれしいですね」
　「同じように取り組んでみたいと言われた方が86％になりました。僕たちも，先生たちががんばったということがよくわかりました」
　参会者の方々には，特派員の飾らない報告に感心しながら，大笑いをしていただけました。随所で拍手も起こりました。生徒のおかげで，とても楽しく明るい発表会となりました。まさに**生徒とともにつくった，記憶に残る研究発表会**でした。

研究発表会は参会者のニーズを考えて工夫しよう。研究の裏側を語るブースは，参会者の満足度を高める手だての1つ。特派員生徒による取材，報告も盛り上がる。

副校長（教頭）

任用書類を効率的に作成する

経験上，教頭職のときほど多忙感を覚えたことはありません。仕事が次から次へ怒涛のように押し寄せてきました。このままでは体調を崩してしまうと思ったことも1度や2度ではありません。1つの仕事へかける時間を少しでも短くしなければならないと思い，様々な工夫をしました。ここでは，任用書類の効率的な作成法を紹介します。

自分専用のマニュアルを作成する

多くの学校では，多様な指導体制を組みますので，講師の任用書類作成も年間ではかなりの数になるでしょう。任用書類は，いわば当たり前のことを当たり前に記載するだけで，時間をかけずに作成できるはずですが，それがなかなかできないのが現実です。私も，教育委員会提出後にちょっとした記載ミスを何度となく指摘されました。

指摘を受けると，「なぜこのようなミスに気づかなかったのか」と思うことばかりで，1人赤面していました。当然ですが，再作成の時間と教育委員会に出向く時間が余分にかかりますし，教育委員会の方にも，再点検というむだな時間を使わせてしまうことになります。

そこで，自分専用のマニュアルを作成することにしました。マニュアルといっても簡単なものです。あらかじめ決められている**任用書類の書式に，自分の過ち例や記入に際して調べたことを加筆する**のです。

例えば，どの書類にも「平成　年　月　日」という欄はあります。しかし，そこにいつの日付を書き込めばよいのかわからなくなることがあります。そ

ういった内容をメモしておくのです。だれしも、「この場合のどの任用形態になるのだろう」「任用最終期日はいつにすればよかったのだろう」など、記載に際して曖昧になっていることに気づくことはあると思います。そのときに書式にメモを加えておくのです。

🕐 ミス防止のヒント

　教頭時代には「ちょっとしたミスを発見する教育委員会はさすがだ」と思っていたものですが、その後、教育委員会に異動し、チェックする立場になってから、気づいたことがあります。ミスを発見できる理由です。

　教育委員会には同様の書類がたくさん届くので、**必然的に通しチェックをする（同じ箇所を通して点検する）ことになります。**１つの書類でミスを発見したとすると、別の学校から届いた書類も、他校でミスがあった箇所を気にして点検します。こういう見方をすれば、ミスが発見しやすくなります。

　これを応用すれば、自校で同種類の書類をまとめておき、その同種類の書類を提出する際には、過去の同じ書類に照らして通しチェックをするとよいことに気がついたのです。

🕐 まずミスがあると思って点検する

　どのような方法をとってもミスはあるものです。私は教育委員会に提出する前に、**「どこかにミスがあるはずだ」**と思って点検していました。再作成、再提出の時間を生み出さないようにするためです。心持ち１つでミスが発見でき、むだな時間が減りました。

> 自分の過ちをマニュアルとして記録すると効果大。書類の通しチェックは有効な方法だが、まずは「ミスは必ずあるものだ」という心持ちでチェックすることが重要。

副校長（教頭）

職員会議を
サクサク進める

多くの学校では副校長（教頭）が職員会議の進行をしているのではないでしょうか。過去を振り返ってみると，進行役の力量や配慮で，職員会議の時間や協議の質は大きく異なっていました。また，重要な議題がたくさんあっても，あまり多くの時間をかけることはできません。ここでは，職員会議をサクサク進める方法を紹介します。

🕐 タイムスケジュールを提示する

　はじめに会議のタイムスケジュールを提案し，了解を得ることで，参加者も時間に注意しながら協議しようという意識が高まります。終了時刻もわかりますから，ストレスがたまりません。
　例えば，次のように示します。

---

❶6月の予定（5分）
❷7月の予定（5分）
❸体育大会の進行・役割（15分）
❹夏季休業中の諸活動（15分）
❺クラスタイムの運用（20分）

　留意すべきことは，提案したタイムスケジュールを厳守するということです。そうでなければ，スケジュール提案は単なるセレモニーになってしまいます。

スケジュール設定にあたっては，提案者にあらかじめ確認しておくとよいでしょう。「今回の提案は昨年と大きく異なることがあるので，もう少し時間が必要だと思います」など，事前に修正依頼を受けることがあります。

運営委員会での審議内容を伝えてから協議する

短い時間でよい話し合いをするために心がけていたのは，協議の前に運営委員会（企画委員会）での審議内容を伝えることです。職員会議での提案事項は，校長以下，スクールリーダーによって運営委員会等で検討されているはずです。そのときの審議内容を協議前に知らせるのです。

「先ほど説明があった来年度の日程変更については，運営委員会でも話題となり，定期テストまでの間隔が短く，生徒も教員も大変ではないのかという指摘がありました。そのうえで，日程変更が提案されていることを協議の前にお伝えしておきます」

このように，**運営委員会で話題となり，職員会議で特に合意を得ておきたい事柄をはじめに話します**。こうすると，シャープな話し合いとなります。

職員室ネットワークを活用する

職員会議で時間がとられるのは，提案文書を印刷・配付する時間です。些細なことだと思われるかもしれませんが，1人の提案者が印刷・配付に15分の時間をかけるとすると，4人の提案があれば1時間となってしまいます。**職員室ネットワーク上に提案文書を置くことにすれば，この印刷・配付の手間は皆無**になります。ネット上の決められたところに提案文書を置くだけですので，だれもができます。

> タイムスケジュールの提示で，会議への参加意識を高めよう。事前に検討したことは協議前に伝え，短い時間で濃い話し合いを。職員室ネットワークの活用で，資料の印刷・配付の手間も省こう。

副校長（教頭）

事務職員との コミュニケーションで 時間を生み出す

副校長（教頭）として，事務職員とコミュニケーションを密にとっているでしょうか。事務職員の職務を考えれば，大いに学校経営に参画してもらうべきです。事務職員だからこそ知り得る情報をたくさんもっているからです。職員室にいることが多い副校長は，職員室が職場である事務職員と連携することで，仕事の効率化が図れるものです。

事務職員から提供される情報の価値

　事務職員と日頃から何気ない会話を重ねておくことが大切です。私自身，ちょっとした会話の中から業務に関するヒントをもらったことが何度もあります。例えば，集金未納者への対応について次のようなことがありました。
　「教頭先生，○市の□中学校の事務さんに聞いたことですけど，集金に応じない家庭へある対策をしたそうですよ。かなり効果があったそうです」
　「具体的に教えてくれないかな。できたらその学校から関係書類をもらうことはできないだろうか」
　この会話がきっかけとなり，自校で同じ方法に取り組みました。
　事務職員配置は，１校１人体制のところが多く，いわば孤職です。それだけに，**他校の事務職員との情報交換を大切にしています。**
　他校の取り組みを参考に動いたところ，集金未納者が減り，未納家庭への請求文書作成や電話，訪問などの時間が減りました。事務職員との会話が出発点になり，よい結果を生み出すことができました。

事務職員との共同作業から生まれる会話

　副校長も事務職員も互いに孤職ですが，**助け合うことで時間のロスを防ぐこともできます。**

　あるとき，Ａ４判で１人８枚の文書を，50名を超える教職員に配付する必要が生じました。印刷・綴じ・配付だけでも結構な時間がかかります。そのとき，別室で作業をしようと準備していることに気づいた事務職員が，応援に駆けつけてくれました。

　作業をしながらその手間を実感したのでしょう。「考えてみると，こうした綴じ作業は何人もの先生が年間で何度もされていますね。予算的に厳しいものがありますが，なんとか自動丁合機が購入できないか検討してみましょうか」という提案がありました。すぐにとはいきませんでしたが，数年後に自動丁合機が入り，作業がそれまでと比較にならないほど楽になりました。

いつも職員室にいる事務職員だから感じること

　おそらく，一番長く職員室にいるのが事務職員ではないでしょうか。自分の仕事に専念する傍ら，電話や来客応対をしているのも主に事務職員です。

　あるとき，電話応対している教員の表情から感じることがあったのでしょう，「〇先生が，とても困っておられるようです」と知らせてもらったことがあります。トラブルならば，小さいうちに対応した方がよいに決まっています。その教職員に聞いてみると，「とても困っていたが，なんとか自分で対応しなければいけないと思い，相談ができなかった」と話してくれました。**事務職員のおかげで，問題解決の時間を短縮することができた**のです。

> 事務職員には学校経営へしっかり参画してもらうことが重要。日常的な会話などから，事務職員だからこそ得られる情報をうまく吸い上げ，有意義な時間を生み出そう。

副校長（教頭）

朝の時間を充実させる

職員室ネットワークの活用で，朝の打ち合わせ時間を省く学校が多くなってきました。校務の情報化が進展した証と言えます。もちろん朝の打ち合わせこそ重要だと考え，毎朝きっちり行われている学校もあります。学校運営の方針の違いですので，どちらかが正しいということではありませんが，朝の時間の充実は大切です。

朝の共通行動を決める

　朝の打ち合わせの有無に限らず，朝の時間の活用について，一度話し合いをしてみるとよいでしょう。学校全体の朝の時間を有意義なものにするためです。

　校門に立ってあいさつをする教師がいます。靴箱に入れられた靴の状況で，その日の子どもの心境診断をする教師がいます。教室にいち早く出向き，黒板にメッセージを書いたり，教室で子どもを迎えたりする教師がいます。自分の子どもを保育園に送ってから学校に到着する教師は，職員室で心落ち着かせています。欠席連絡の電話番を進んでやっている教師もいます。子どもを集めて話し合わせている教師もいます。主に勤務時間前のことですから，統一行動をすすめるわけではありません。**それぞれの状況を素直に伝え，お互いに理解し合うことが大切**なのです。

　そのうえで，「教職員が顔を合わせたときは，子どもの前でお互い明るいあいさつを交わそう」など，だれもができて，教育上大切なことを約束するとよいでしょう。「8時15分に教室に出向き，子どもたちと元気よくあいさ

つをしてから職員打ち合わせを始めましょう」といったことでもよいでしょう。朝の共通行動で、学校全体に有意義な時間が生まれます。

朝の打ち合わせで明るいコミュニケーション

　私の勤務校は、校務の情報化が進んでいたので、教職員間の連絡は主に職員室ネットワークの掲示板を使って行っていました。このことで朝の時間に余裕が生まれたので、その時間の使い方を論議したことがあります。

　ある教員は、「いち早く教室に出かけ、子どもと接すればよい」と言いました。別の教員は、「職員同士のつながりが大切なので、職員による1分間スピーチをしよう」と言いました。意見は分かれましたが、大所帯の学校であり、**教職員のつながりが希薄になっているのでは、という心配から、1分間スピーチを始めました。**

　この選択は正解でした。朝から楽しい話を耳にできる明るい職員室になりました。スピーチを通して、お互いの人となりがよくわかるようになり、教職員間の会話が多くなりました。空いた時間の使い方によって充実度が違ってきます。これも時間術の1つだと思います。

情報伝達法を区別する

　朝の打ち合わせで伝える情報についてルールを決めました。「読んでわかる情報はネットワークの掲示板に書き込む。安全指導や保健指導など、子どもの身体にかかわる事項などは口頭で思いを込めてしっかり話す」というルールです。**明確にルール化することで、時間の使い方の認識ができたと思います。**

> 無理なくできる共通行動を定めたり、スピーチを取り入れたりすると、教職員同士の意思疎通が活発になり、学校が朝から元気になる。簡単なルールを設け、情報伝達を効率化することも重要。

> 副校長（教頭）

手間のかけどころを見極めて地域とつながる

副校長（教頭）は，教職員の中で地域の方々と接する機会が一番多い立場であるといってもよいでしょう。校長はどちらかというと表舞台で地域とかかわり，副校長は，裏方としてかかわることが多いとも言えます。それだけに苦労が多く，時間的にもやりくりが大変です。ここでは地域とよりうまく連携を図るための時間術を紹介します。

「報・連・相」を葉書で

地域との連携を図るには，区長や民生委員など，学校に来てくださる方々への「報（告）・連（絡）・相（談）」を大切にすることです。とはいうものの，これを毎回電話で行っていては時間がかかり，とても続きません。こういうときに役に立つのが，アナログな方法，葉書です。

私は，その年度に地域でかかわりがある方々（議員，区長，民生委員など）の住所録を早々に作成しておきました。そして，住所録から宛名ラベルシートをあらかじめ数枚印刷して，葉書にすぐに貼れるようにしておきました。その都度ラベルシートを印刷するのは手間がかかるからです。

葉書の文面も凝りません。学校への日頃の理解と協力を感謝する定型文に，会議出席のお礼や欠席された方への報告，次回の会議の案内を付加する形で文面を作成し，印刷します。会議の進行をされた方や提案をされた方などには，「格別お世話になりました。ありがとうございました」など，簡単な一言を添えました。**ここまで形と段取りを整えておけば，かかる時間はわずかなもの**です。

葉書1枚でも，次回お会いしたときのつながりが確かに違うものです。学校からつながろうとしている気持ちが伝わっているからでしょう。

「頼りにしています」と相談する

勤務校での通学路の問題で，地域の方々と深く交わることがありました。ある通学路は，もともと道幅が狭く，子どもが横に2，3人並んで歩くことで，自動車の通行の邪魔になることが問題となっていました。そのため，いわゆる苦情電話が何度もありました。

すぐに解決できないこととはいえ，学校が動かなければ，さらに学校への批判が強くなります。

思い切って，その通学路地区の区長に時間をとっていただき，相談にうかがいました。学校の指導の実際を伝え，生徒が通学路を1列になって歩くように徹底することは大変難しいということを話しました。「学校は何をしているんだ」と叱られるのを覚悟しての訪問です。

ところが，区長はよく事情を理解してくださり，「友だち同士で話しながら歩くうちに，つい横に広がってしまうのは致し方ないことだ。市役所に歩道がはっきりわかるように整備してもらえないか動いてみるよ」とまで言ってくださりました。

こちらから進んで時間をとり，出向いたことで，区長を頼りにしていることが伝わったようです。その際にも，「日頃からのいろいろな連絡，ご苦労様です」と言っていただけました。葉書によるつながりが生きていると実感できた言葉でした。**あえて時間をかけたおかげで，地域とのきずなが深まった**のです。

> 地域への報連相は，手間をかけず，しかしていねいに。地域との間に問題が生じたときは，あえてじっくり時間をかけて理解を求めることで，きずなを深めよう。

副校長（教頭）

先手必勝で
PTAと連携する

PTA活動の窓口になっているのも，副校長（教頭）でしょう。かかわり方1つで，PTAと学校との連携力は大きく異なってきます。しかし，多くの業務を抱えている副校長ですから，PTA活動だけに専念するわけにはいきません。時間を上手に活用し，PTAとの連携をつくっていくことが肝心です。その方法を紹介します。

報告より相談

　PTA活動を活性化したり，連携を強めたりするうえでポイントとなることが1つあります。PTA役員には「報告」より「相談」をする，ということです。「このようなことが決まりました」という報告より，「このようなことをしてみたいのですが，いかがでしょうか」と相談するのです。相談することで，「一緒に学校をつくっていきましょう」という学校の姿勢が伝わります。PTAに判断を求めることで，**よい意味でPTAに責任を感じてもらえたり，学校が頼りにしていることが伝わったりします。**

　時間がない中でこのような相談をしていたのでは，さらに時間がなくなると思われる方もいるでしょう。しかし，4，5月の立ち上げのときにこういったことに少し時間をかけてPTA役員とつながっておくと，それ以後のかかわりが楽になり，むだな時間や神経を使うことが少なくなります。

　こうした相談会議のことを，あるPTA役

員に「新しいことを始めるよ！ 戦略会議」と命名していただきました。前ページの写真は会議の様子です。

発信なければ受信なし

「発信なければ受信なし」と言われたのは，愛知県一宮市立木曽川中学校の校長であった平林哲也先生です。この言葉は，連携の基本を表していると言えます。まずは学校から情報発信（提供）することで，地域・保護者からの情報が受信できるのだと思います。

私は，1998年度に教頭職に就きました。当時は，現在のような情報環境ではありませんでしたが，希望する保護者に学校の予定や教育活動などを伝えるメール配信サービスを始めました。

週に2，3通のメール配信ですので，ある程度の時間をとられたことは確かです。しかし，来週の予定は教務主任が教職員向けに作成するデータを基にしてつくり，教育活動については，簡素な短い文章にしていたので，負担というほどではありませんでした。むしろ**保護者からこの取り組みを喜んでいただき，時間の有効活用ができた**と思っています。

以下はメール文例です。

平成11年3月5日のメール配信です。昨日は立派な卒業式ができました。235名が新たな世界へ旅立ちました。以下は，来週の予定です。
3月7日（月） 生徒会役員選挙公示
3月8日（火） 第5時限授業が終了後，一斉下校

PTA役員と早期につながることで時間的にもかかわりが楽になる。その際のポイントは，報告より相談を大切にすること。「発信なければ受信なし」と心得，積極的な情報提供にも努めよう。

副校長（教頭）

自分の負担を今以上大きくせず，校長に満足してもらう

副校長（教頭）が一番連携を大切にしなければならない相手が校長であることは言うまでもありません。いろいろなタイプの校長がいるので，連携の方法を一概に述べることはできませんが，校長にとってまさに「痒いところに手が届く」存在でありたいものです。もちろん，自分自身の時間的な負担が大きくならないように，です。

報告は結論から述べる

　よりよい連携のポイントは，やはりコミュニケーションです。日常的にどれほど会話をしているかで，いざというときの動きも違ってきます。ただし実務的には，副校長の方が格段に抱えている仕事が多いので，会話の時間を長くし過ぎると，自分自身を忙しくしてしまいます。「今日は校長との雑談が長かったから，今ごろ（18時）からようやく自分の仕事だ…」などとなってしまっては，本末転倒です。

　では，どのようにして自分の仕事時間を確保しながら，校長と連携をとったらよいでしょうか。会話を意図的に減らすというのは難しいので，私が心がけたのは，報告において結論を先に述べる，ということです。「本日発生した○○の怪我の件ですが，保護者への連絡が済み，学校の対応にも理解をしていただけました」と，**結論から述べ，校長がさらに詳しく聞きたい，あるいはそのように表情から読み取れたときに詳細を伝える**のです。

　本心では，自分がいろいろと動いたからこそ収まったことなど，対応の詳細も話したいわけですが，話し出すと次から次へ伝えたいことが出てくるも

のなので，そういったことは，できる限り要点を短くまとめて報告するようにします。

教職員に報告を指示する

私は教頭職を6年間務めましたが，後半は報告の方法に自分なりの工夫を取り入れました。自分を忙しくせず，校長には満足してもらう方法です。

その校長は，校長室でずっと執務をされるタイプの方だったので，小まめな報告をすると喜ばれるとは思っていましたが，それでは自分の仕事が頻繁に中断してしまい，捗りません。そこで考えたのが，直接，校長に報告するよう教職員に指示するという方法です。

それからは，教職員に「校長先生には私から簡単に伝えておくので，時間を見て，あなたからも校長先生に伝えておいてください」と言うようにしました。校長職を経験して実感したのですが，教職員が校長室を訪れ，報告してくれることはうれしいものです。このように，**校長と教職員のコミュニケーションを増やすという意味でも有効な方法**です。

学校ホームページで報告する

校長が終日不在となる日は結構あります。何事もなければ，連絡はいりませんが，**校長の立場になってみると，その日の学校の様子はやはり気になるもの**です。そこで，「昨日の学校の様子を学校ホームページにアップしました」とだけ伝えます。口頭にしてもメールにしても，出来事を一つひとつ報告していたら大変ですが，学校ホームページの記事を利用すれば，手軽に報告ができてしまいます。

> 校長への報告は，結論を先に。教職員に報告を指示したり，学校ホームページの記事を利用したりすることで，自分自身がこれ以上忙しくならず，校長に満足してもらおう。

副校長（教頭）

かかわる時間を教職員に喜ばれるものにする

以前の学校は，上意下達が当たり前で，管理職からの指示は絶対的なものでした。しかし，社会の変化に伴い，指示1つにしてもかなり神経をつかわなくてはならない時代になりました。副校長（教頭）は，「教職員の担任」などと言われますが，教職員としっかり結びついた担任になるには，それなりの工夫が必要です。

相談を受けたときがチャンス

　教職員の立場になってみると，自分のことを理解し，認めてくれる上司とはつながりたいと思うでしょう。特に，「職員室の担任」と言われる副校長には，認めてもらいたいと思っているのではないでしょうか。

　ところが，副校長は基本的には職員室で構えている立場なので，教職員の教育活動を見とり，教職員のよさをつかむために自席をあけて校内を見て回ることはなかなかできません。教職員の「いいところ見つけ」は，やりづらい立場であるということです。

　しかし，副校長は教職員から様々な報告や相談を受ける立場です。そこで，その際に教職員とのつながり方を意識するのです。相手から接してきてくれるときを生かさない手はありません。

　教職員の言葉に真摯に耳を傾け，相談事への応答は「誠意はスピードに表れる」の精神です。教職員は自分で判断できないために困って相談に来るのです。ですから，時間をかけずに判断を示すべきです。**「おっ，この副校長になら相談したい。つながっていたい」と思われること**が大切です。

文書返却時もつながる機会

　立場上，決裁した文書を教職員へ返却することが多いのが副校長です。そのときも，教職員とつながる機会です。文書作成を労い，評価言とともに笑顔で返却しましょう。

　『人は見た目が9割』『伝え方が9割』というヒット書籍があります。文書返却というわずかな時間の行為ですが，**こうしたときこそ心すべきことが，「見た目＝笑顔」と「伝え方＝お疲れさま，ありがとう」**ではないでしょうか。

即時評価が効果的

　だれしも評価をされることはうれしいものです。それが即時評価であれば，さらにうれしいものです。

　例えば，生徒指導主事が集会で生徒の心を打つ，とてもよい講話をしたとしましょう。翌日になって「昨日の話はよかったね」と言われるより，集会終了時，あるいは講話終了直後に評価される方がうれしいはずです。

　企画委員会で学年主任が学校運営について適切な発言をしたとしましょう。委員会直後に「いい指摘をしてくれたね」という言葉を耳にすると，ほっとするはずです。

　「木は光をあびて育つ　人は言葉をあびて育つ」という言葉もあります。**タイミングのよい言葉かけは，その人の心に深く染み入る**ものです。

教職員からの相談はつながるチャンス。文書返却時のちょっとした心づかいや即時評価で，かかわる時間を教職員から喜ばれるものにしよう。

校長

文書を探す
時間をなくす

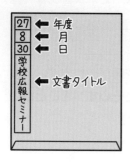

年齢を重ねてくると、自分の物忘れのひどさに驚くということもあると思います。「文書を見ているより、そのありかを探している時間の方が長い」という人もいるかもしれません。私もその1人に入りそうですが、長年行っている文書管理で、むだな時間は人よりは少ないと思っています。その方法を紹介します。

🕐 インデックスつきの袋ファイルをつくる

　1993年に発刊された『「超」整理法』(野口悠紀雄著、中公新書)を読んでから行っている整理法です。とても単純な方法ですので長続きします。
　使用済みのA4封筒を用意します。封筒上部を3cmほどカットします。カットする理由は、文書を入れやすくしたり、棚に並べやすくしたりするためです。これを野口氏は「袋ファイル」と呼んでいます。

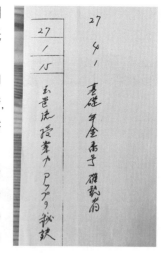

　封筒の端には、右の写真のように4つの枠を印刷しておくと便利です。この枠はインデックスで、上から、**「年度」「月」「日」「文書タイトル」**を書き込みます。
　保存しておかなければならない(保存を迷う場合はすべて保存)文書は、すべてこの袋ファイルに入れます。そして、棚に時系列で並べておくのです。これだけのことですが、必要な文書を短時

間で探し出すことができます。

⏱ 時系列に並べることのメリット

　右の写真は，自宅の棚に並べてある袋ファイルを引き出したものです。

　時系列であることが文書検索においては一番重要です。

　「あの文書は確かこの文書より前に保管したはずだ。この文書と同じくらいの時期だったはずだ」などと**時間で思い出した方が，カテゴリ別に綴じたファイルの文書を探すより，ずっと速く見つけることができます。** 20年以上行っていて体感していることですから，間違いありません。

　なお，一部時系列はくずれてしまいますが，引き出して閲覧した文書（袋ファイル）は，一番右に並べ直します。右にある文書ほど新しく，活用している文書となります。このことで，袋ファイルは左にあるほど古くなります。時折，まったく活用していない袋ファイルは今後も必要はないと考えて処分しています。

> 文書を探すことに費やす時間ほどむだなものはない。インデックスつきの袋ファイルに文書を収納し，時系列に並べる，というシンプルな方法で，この問題は解決できる。

校長

電話は
待つよりかける

学校においても，電話よりもメールを連絡に活用する方が多くなってきています。しかし，校長への外部からの連絡や，校長同士の連絡はどちらかというと電話の方が多いようです。「校長は年齢が高い＝メールは使わない」と思い込んでいるのでしょうか。そこで，電話で時間をとられない体験的応対術を紹介します。

🕐 電話対応も「誠意はスピードに表れる」

　学校不在中に電話があって，取り次いだ人から「〇さんから電話がありました。またかけるそうです」という伝言を聞くことがよくあると思います。

　再度電話がかかってくるのを待っているのは，精神的に落ち着きませんし，また出られないという可能性もあります。そこで，こちらから電話をかけるようにします。電話をすると「こちらからかけるべきところを，わざわざ電話をいただいて」と先方にも感謝されることが多いことでしょう。

　特に，電話の主が保護者や地域の方である場合，「こちらから電話をします」と言っていても，本当は学校から電話をするべき案件であることも少なくありません。ですから，**「こちらから電話をします」という言葉を真に受けてはいけません**。先方が再び電話をして，またしてもこちらが不在だった場合には，話がこじれてしまう場合さえあります。

　電話対応も「誠意はスピードに表れる」のです。

電話取次の留意点を伝えておく

　校長へ電話を取り次ぐときに留意しておいてほしいことを，年度はじめに教職員に伝えておくとよいでしょう。

　まず，校長が学校にいるときの電話は，相手先をメモで知らせてほしいと伝えておきます。口頭での伝達では，聞き間違いをしてしまう場合があるからです。このようなことがありました。愛知県には「あまし（あま市）」という地名があるのですが，電話を取り次いだ人が「あばしり（網走）」と聞き間違えて口頭で伝えたために，とんと話が噛み合わなかったのです。

　次に，校長が不在の場合です。まずは急ぎの電話かどうかを確認してほしいと伝えておきましょう。急ぎの電話であれば，「外出先へ即時連絡をしてほしい。すぐにこちらから電話をする」と明言しておくことも大切です。

　相手の名前，所属は必ず聞き，校長の動向もある程度伝えておいてほしいと言っておくとよいでしょう。できれば用件の概要まで聞いておいてもらうと，対応を間違えることが減ると思います。

　ちょっとしたボタンのかけ違いで，思いもよらない新たな問題が生じ，余計に時間がとられてしまう恐れがあるので，電話の対応はとても重要です。

　なお，こちらから電話をかける場合，スピードが重要であるとはいっても，相手の動向や時間帯を考慮したうえで行うということは言うまでもありません。

不在時の折り返しなど，こちらから電話をすることを厭わない姿勢が結果として時間のむだを防ぐ。電話を取り次いでもらう際の留意点なども教職員に伝えておこう。

校長

来客対応を有意義な時間にする

校長の重要な仕事に来客対応があります。学校の顔としてお客様に応対する場合はもちろん、時には、保護者や地域の方からの相談や厳しい指摘を聞くこともあるでしょう。お客様も校長自身も、お互いに貴重な時間を使うわけですから、有意義な時間にしたいものです。ここでは、そのためのコツを紹介します。

お客様に時計が見えない位置に座っていただく

来客には応接室や校長室に入っていただくことがほとんどだと思います。そのときにどのような位置に座っていただきますか。部屋の構造でどうにもならないこともありますが、壁に掛かった時計が見えない位置に座っていただくとよいでしょう。そして、自分は壁の時計が見える位置に座るようにします。

以前勤務した学校の校長室は、右のように理想的なレイアウトでした。お客様と話しながら、**気づかれないように時計をちらっと見ることができる**のです。

話をしながら腕時計を見ることは、早く切り上げたいときには有効な場合がありますが、一般的には大変失礼な行為です。そのため、このような時計

の配置はとても便利なのです。

「学校の今」を伝えてから本題へ

　来客の訪問目的にもよりますが，迎える側は笑顔で対応することが基本です。笑顔には，相手との距離を縮める効果があります。「よく来てくださいました」という気持ちで接すると，自ずと笑顔になるものです。

　そして，いきなり本題に入るよりも，アイスブレイクを兼ねて，よもやま話をすることもよいことです。私の場合は，最近の学校の状況を簡単に伝えることにしてきました。**「学校に入られて歌声を耳にしていただけましたか。そうなんです，もうすぐ合唱コンクールなんです」「静かな学校でしょう。…実は生徒はすでに帰っているんです（笑）　今日は期末テスト１日目で…」**などと，学校の今を話題にして一言二言話してから，「ご用件をおうかがいいたします」と切り出していました。

自分のスケジュールを伝えることも誠意

　私は，訪問の相談を受けたときや懇談のはじめの方で，その日の自分のスケジュールを来客に伝えるようにしていました。

　「12日の火曜日でしたら，午前10時にお越しください。その日は11時に出張のために学校を出なければいけませんが，１時間ほどならお話をお聞きできます」などと，明確に時間を伝えておきます。そうすれば，仮に時間切れになっても，相手に不快な思いをさせずに中座することができます。また，相手に時間を意識して話を進めていただけるというメリットもあります。

> お客様と話をしながら時計を気にするのはNG。ほんのわずかな時間のアイスブレイクで，コミュニケーションはスムーズになる。相手に自分のスケジュールを予め伝えておくのも誠意と心得よう。

校長

人事面接の時間のかけどころを見極める

校長の重要な仕事の1つに，人事や評価のための面談があります。面談では，学校で抱えている教職員の人数にかかわらず，一人ひとりとじっくり向き合うことが大切です。とはいえ，大規模校の校長であったときは，その時間を確保することに苦労しました。ここでは，ポイントとなることを紹介します。

「あの校長は信頼できない！」

　私が教頭だったときのことです。人事面接を受けたある教職員が激しい口調で「あの校長は信頼できない！」と言いに来ました。どのようなことで腹を立てているのか聞いてみると，廊下ですれ違い際に来年度の人事について言われたというのです。廊下で言われたことで，校長は自分を軽んじていると思ったのでしょう。

　もっとも，校長の立場で考えてみると，人事は教職員の大きな関心事なので，少しでも早く伝えてやろうと思ったに違いありません。たまたま出会ったのが廊下で，伝えるのは今だと思ったのでしょう。

　それにしても，いつも穏やかだった教職員の，あのときの形相は忘れられません。どのような状況であっても，**面談は予定しておいて，別室ですべきもの**だと肝に銘じました。それが相手を尊重する，大切にするという行為だからです。

時間を生み出すために面談資料を早めにつくる

　新任校長だったとき，人事面談や教職員評価の見通しを立てる余裕もなく，気づいたら教育委員会への提出日が近づいていて，背中いっぱいに冷や汗をかいたことを覚えています。面談は，自分1人ががんばったところでどうにもならないこともあり，かなり焦りました。

　これに懲りて，翌年からは面談資料を早い時期からつくることにして，**10月早々に，本人の意向を聞く用紙を配付しました**。面談時間を生み出すためには，早めに取り組むことです。本人の意向をしっかり読み取りながら，学校経営者としての考えを別資料として作成します。それまで把握していた考えと異なることが書かれていた場合や，自分が描いていることと大きく異なる場合は，できるだけ早い段階で面談をします。時間をかけて話を聞く必要があるからです。

敬意を表し，素直に話す

　面談時の冒頭にすべての教職員にお礼を述べました。ベテランばかりではなく，初任者にも感謝の言葉を伝えました。こちらの思いを叶えてもらうためにヨイショをするのではありません。もちろん，学校への貢献度や仕事ぶりには差がありますが，自分自身がその人と代わってできることは，何1つないととらえ，心から感謝しました。

　そのうえで，自己評価や来年度の希望などを聞き，自分が思うことを素直に伝えました。下手に策略を練ると，ロクなことはありません。**辻褄を合わせるために，余計にむだな時間がかかってしまいます。**

> 人事面接は，教職員にとって大きな関心事。面談場所や本人の意向の聞き取りには十分な配慮をしよう。そのうえで率直な思いを伝えることが，時間の浪費の回避につながる。

校長

メールにかかわる むだな時間を省く

メールチェックを頻繁にしないと落ち着かない人もいると思います。何を隠そう私自身がその1人です。しかし，冷静に考えると，受信メールの有無をさほど気にしなくてもよいときまでついチェックしてしまい，結果としてむだな時間を自らつくり出している，ということはないでしょうか。ここでは，そんなムダな時間を省く方法を紹介します。

メールチェックする時間を決める

　メールをチェックする時間を決めることでむだな時間を生み出さないことは，多くのビジネス書で提案されています。

　校長であれば，日に2，3度のメールチェックなら，仕事に支障が出ることはないでしょう。人より比較的メールの送受信が多い（と思っている）私の経験からの考えです。

　30分から1時間ほど余裕がある午前と午後の時間帯に1度ずつメールを確認し，返信したり発信したりすることを習慣化するとよいでしょう。いずれにしても，**メール作成の時間を考えてメールチェックすべき**です。

　急ぎの連絡は，メールではなく，電話で入るのが全国共通の学校文化だといってもよいと思います。急ぎの連絡メールを確認しなかったために大変なことになった，というようなことはまずありません。

単語登録機能を利用する

　パソコンの単語登録機能を利用すると，効率的にメールを作成することが

できます。使っていない方には，おすすめの方法です。

　私の場合は，例えば，次のような単語登録をしています。
・登録単語＝たまおき　　変換＝玉置です。いつもお世話になります。
・登録単語＝どうぞ　　　変換＝どうぞよろしくお願いします。

　わずかな時間が生まれるだけではないかと思われるかもしれません。しかし，「たまおき」と4文字入力するだけで，「玉置です。いつもお世話になります。」と4倍もの文字が表示されるわけですから，**積み重ねていくと大きな時間になります。**

　参考までに，Microsoft IME における単語登録の方法を示しておきます。

　ワード入力画面の右下隅などに「あ」と表示されていると思います。そこを右クリックすると，オプション画面が表示されます。その中にある「単語の登録」をクリックしてください。

　左図の画面が現れます。単語の欄に「玉置です。いつもお世話になります。」と入力し，よみの欄に「たまおき」と入力し，登録ボタンをクリックします。これだけで次回からは「たまおき」と打ち，変換すると「玉置です。いつもお世話になります。」と表示されます。

　また，外部とのメールのやりとりで所属名や連絡先を明記するのは常識です。メールソフトの署名機能を活用するなどして，時間や手間をかけずにマナーを守りたいものです。

> メールは送受信からチェックまで，一つひとつにかかる時間は少なくても，積み重なると大きな時間になる。チェック回数の限定や辞書登録機能の利用などで，むだな時間を省いていこう。

校長

校長会議の記録と伝達を効率化する

校長会議の主催は，それぞれの自治体によって異なりますが，一般的には，都道府県教育委員会，教育事務所，市町村教育委員会のそれぞれが主催する会議と，校長会が自ら主宰する会議の2種類になると思います。会議後は，教頭をはじめ，校内のリーダーに会議報告することが必要になります。ここでは，効率的な記録と伝達方法を紹介します。

🕐 パソコン持参で記録する

　私が校長を務めていた地域では，教育委員会から事前に校長会議の要項が電子媒体（メール添付）で送られてきていました。したがって，あらかじめ要項に目を通して会議に臨むことができます。伝達項目を見ながら，確認しておくべきことはないかなど，いわゆる予習をして会議に出席するようにしました。

　校長会議の冒頭では，いつも教育長からの訓示がありました。要項には話をされる項目が書いてあるので，当初は送られてきた要項を印刷し，項目と項目の隙間にお話をメモしていました。ところが，校内のリーダーにしっかり伝えるべき教育長の話が，このメモではうまく伝わらないということに気づきました。

　そこで，会議にパソコンを持ち込み，随時入力することにしました。**小さな汚い字のメモよりは，格段に効率的**で，課長や指導主事からの指導や伝達事項もしっかり記録することができました。

　学校に戻ってきてからの伝達も楽になりました。要項を添付したメールを

校内のリーダーに送るだけでよいからです。特に重要な箇所は見落とさないように，色を変えてメモするなどの工夫をして，より確実に伝わるようにしました。

A4封筒に入れて要項を回覧する

パソコンで記録をとったのは，市町村教育委員会主催の会議だけです。他の会議は，手元に届いた要項へのメモだけで困らなかったというのが正直な感想です。

学校での報告は，メモした要項をA4封筒に入れて，表面に閲覧者と押印する表をつけて回覧しました。**年度はじめに１年間利用できる押印欄をつくっておくと**，時間の短縮になります。

あえて口頭で伝えることで…

報告事項の中には，関係者に口頭でしっかり伝えておかなければならないことがあります。そのような事項は，文書を回覧する前に努めて報告会を行いました。事項は限られていますので，短時間で終了します。

自主的な校長会議では，自校が抱えている課題を伝え合い，互いに学び合うことをしていたので，それらの内容については，支障がない限り校内のリーダーに直接伝えました。

リーダーを育てるよい機会でもあるので，我が校で同様の問題が発生したらどのように対応するかなど，**校長会議で得た情報を基に学び合うことを意識しました**。こういった学習会をゼロから始めるとなると大変なので，うまく利用したわけです。

> 会議にパソコンを持参してメモすると記録も伝達も楽になる。要項はA4封筒にいれて回覧すると便利。口頭でしっかり伝える機会もつくり，リーダーの学びの場を意図的に生み出そう。

校長

小刻みな
学校評価を行う

学校評価について，学校教育法施行規則に「自己評価の実施・公表」（第66条），「保護者など学校関係者による評価の実施・公表」（第67条），「それらの評価結果の設置者への報告」（第68条）が加えられたのが2007年です。その後，学校評価の実施や公表は定着しましたが，学校評価に必要以上に時間をかけることも定着してはいないでしょうか。

🕐 理想を求めつつ現実を見て

　文部科学省は，「学校評価ガイドライン」（2010年改訂）を発行し，どの学校においても適切な学校評価ができるように指針を示しています。文部科学省が「学校評価の推進に関する調査研究協力者会議」での検討を基に示したものですから，非の打ちどころはありません。これに則って学校評価を行えばよいでしょう。

　しかし，ガイドラインはあくまでもガイドラインです。私は，現実を見て，各学校で無理なくできる評価方法で実施すればよいと考えています。理想を追いかけ過ぎて無意味な評価を行っているケースも散見されるからです。**評価をすることが目的ではなく，学校改善のための資料を得ることが目的である**ことを今一度確認しておきましょう。

🕐 「小刻み学校評価」で時間を節約する

　学校評価において時間がかかることの１つに，教職員からの意見集約があります。一般的には次のような流れをとっている学校が多いと思います。

> ❶管理職が紙面によって質問項目を示す。
> ❷教職員が質問に対して意見を記述し，提出する。
> ❸提出された意見を基に，今後の学校のあり方について話し合いができるように，管理職が資料を作成する。
> ❹職員会議で資料を基に話し合う。

　管理職は膨大な作業に追われ，**資料ができた段階で学校評価が完了したように思い込んでしまいます**。1年間に渡る振り返りをするため，質問項目も多く，回答する側の教職員もうんざりしてしまうというのが現実です。

　そこで，3か月に1回程度，あるいは大きな行事が終了するごとに学校評価を行うこと（小刻み評価）をおすすめします。短い期間であれば質問項目は少なくなります。まずは5段階評価をして，評価が1，2のときのみ改善点などを記述するということにしてもよいでしょう。

　ネットワーク上に用意したファイルに教職員が書き込むことで，作業時間を大幅に短縮することもできます。

アンケート自動集約システムの活用

　私の勤務校では，アンケート自動集約システムを活用していました。ネットを利用して，意見入力から集約までできてしまうシステムです。保護者アンケートにおいても活用していました。**環境が許せば，こういったツールを活用することも1つの手**です。

> 学校評価は，ガイドラインを踏まえつつ現実を見据えて。資料づくりで力尽きてしまうようなシステムはやめ，小刻みな評価やネットワーク，ツールの活用なども視野に入れよう。

校長

5分で授業を観察する

学校全体の授業力を向上させることも、校長の大切な仕事の1つです。どのような取り組みをするにしても、まずは各教員の授業力を把握する必要があります。ところが、校長はなかなか学校にいることができず、学校にいても授業を見て回る時間がないという声もあります。そこで、ここでは、時間がかからず効果的な授業観察法を紹介します。

「5分で十分」と考える

　授業は始めから終わりまで見るもの。このように考えている限り、授業観察はなかなかできません。思いきってこの考えを捨てましょう。授業の観察は5分で十分だと考えてください。

　「わずか5分で何がわかるのか」と言われる方もいますが、そういう声には、「では、50分間でどれほどのことがわかるのでしょうか」と問い返すことにしています。

　教室に5分間いるだけで、様々な情報が目に飛び込んできます。教室の前から子どもを眺めてみましょう。**授業に集中しているかどうかは一瞬にしてつかめるもの**です。

　例えば、「教科書〇ページを開きましょう」という指示が出て、どれほどの時間で全員がそれを行ったかを見とるだけで、その授業者に助言ができます。全員が短時間でできていれば、大いに評価ができます。中には最後まで指示どおりにしない子どもがいるような場合もあるかもしれません。そういった場合は、気づいたことを授業者に伝えればよいでしょう。

即時評価が効果的

「授業観察をしても，忙しくて気づいたことを伝える時間がない」という悩みを抱える方もいるかもしれません。

これは，**「時間があるときに伝えよう」と思うから，難しくなってしまう**のです。評価は即時に行うことが一番効果的です。

究極の即時評価は，授業中に行うことです。例えば，授業観察中にとてもよい発問があったとしましょう。私は，その時間の中で，授業の邪魔にならないとき（子どもが個々に考えているときなど）に授業者に近づいていき，「さきほどの発問はいいねぇ。あれで一気に考えようという空気が教室に生まれたね」などと，声をかけることで即時評価を行っていました。あるいは付箋紙に一言感想を書いておき，職員室に戻ったときに，その付箋紙を教師の机上に貼っておくのもよいでしょう。

さらに伝えたいことがあるときの一言

ときどき，即時評価のみでは授業者に十分に伝えきれないようなこともあります。

そういったときには，即時評価をした際，**「他にもいいところがありますね。時間があれば校長室に来てください」**と伝えておきます。教員も都合があります。その日に訪問して来るとは限りませんが，「いいところ」はだれもが聞いておきたいものです。時を待たずして必ず訪問があります。

> たった5分間の授業観察でも，様々な情報が飛び込んでくる。授業者のよいところは，即時に評価しよう。時にはコミュニケーションを重ねるための一言も大切に。

| 校長 |

資料に目を通してもらう工夫を施す

教職員のために様々な情報を提供することも校長の役割です。その際に、一目見て「これは校長からの資料だ」とわかってもらえるようにしたいものです。その他の多くの情報に埋もれてしまわないようにするためです。資料作成に費やした時間をむだにしないためにも、ひと工夫してみましょう。

印刷用紙の色を変える

単純ですが、校長から提供する資料を印刷する際の紙の色を統一するという方法があります。何度か配付する間に「机上にこの色の紙があれば要チェックだ」と教職員は思うでしょう。

実はこの方法は、PTA役員の方からいただいたアイデアです。**「子どもが学校からたくさんの文書をもらってくるのですが、保護者が目を通さなければならない文書がすぐにわかるように、紙の色を変えてもらえませんか」**という提案があったのです。これには、なるほどと思いました。さっそく保護者あての文書をサーモンピンク色の用紙に統一しました。

同一書式で資料作成

上記のほかに、資料の書式を統一するという方法もあります。「この書式の資料は校長作成だ」とすぐにわかるからです。凝った書式だと、様々な資料をまとめるのに使いづらいので、**ごく単純な書式にすることがポイント**です。私の場合、次ページのように、パワーポイントで資料をまとめ、提供す

るようにしてきました。ご覧の通り実に単純なもので、パッと目を通すことができるように形式を統一しています。

上の図は「道徳教育と道徳科」と題して作成した資料のシートです。

下の図は「アクティブ・ラーニング」と題して作成した資料です。

いずれも上部にタイトルを明記し、下部にその説明を箇条書きで示しています。

教職員には印刷配付するので、シートの背景が複雑だったりすると、文字が不鮮明になってしまう場合があります。そこで、このような単純な書式にしています。

道徳性を養うために行う道徳科における学習

- 道徳的価値は、よりよく生きるために必要とされるものであり、人間としての在り方や生き方の礎となるものである。
- 児童（生徒）が将来、様々な問題場面に出会った際に、その状況に応じて自己の生き方を考え、主体的な判断に基づいて道徳的実践を行うためには、道徳的価値の意義及びその大切さの理解が必要となる。

**中教審教育課程企画特別部会報告
アクティブ・ラーニングのポイント**

1. 習得・活用・探究という学習プロセスの中で、問題発見・解決を念頭に置いた深い学びの過程が実現できているかどうか。
2. 他者との協働や外界との相互作用を通じて、自らの考えを広げ深める、対話的な学びの過程が実現できているかどうか。
3. 子供たちが見通しを持って粘り強く取り組み、自らの学習活動を振り返って次につなげる、主体的な学びの過程が実現できているかどうか。

プレゼンソフトで作成しておくと、プレゼンする際にもすぐに活用でき、むだな時間がかかりません。

教職員に向けた情報発信は校長の仕事。せっかくつくった資料に目を通してもらえるように、用紙の色や書式を工夫してみよう。プレゼンソフトを使えば、配付とプレゼンの両方で生かせる。

校長

手間をかけずに学校ホームページで発信する

校長によって学校ホームページに対する考え方は異なると思いますが，できることであれば，校長自らが記事を発信したいものです。全国には，校長ページを毎日更新している方もたくさんおられます。そこで，「忙しくて，とてもではないが記事を書いている時間はない」という方でも短時間で記事を作成できる方法を紹介します。

「校長だから」と構えない

校長となると，何事に対しても構えてしまい，自分の持ち味が発揮しにくくなってしまうことがあります。確かに，学校の総責任者ですから，思いついたことをなんでも発信するわけにはいかないでしょう。

しかし，「教育は人となり」と言われるように，**人柄に魅力があるからこそ，信用と信頼が寄せられる**のです。校長だからといって構え過ぎず，普段考えていることを学校ホームページで気軽に発信しましょう。

式辞や校長講話を発信する

学校ホームページのために新たに記事を作成しようと思うと，重荷に感じてしまいます。そこで，まずは**他の場面で書いた文章を転用する**ことを考えてみましょう。

例えば，式辞です。式辞ほど時間をかけて練り上げる文章はないでしょう。儀式の中で読み上げた後，学校ホームページにそのまま掲載すれば，一石二鳥です。集会での校長講話も同様です。式辞と講話の掲載だけでも，年間の

第5章 役職別 毎日の業務がみるみる片づく時間術

校長発信の頻度は上がります。

　また，学校ホームページはデーターベースとしても活用できるので，例えば，**1学期始業式での式辞を学校ホームページで読み直し，それを受けて1学期終業式の式辞を考える**といった活用法もあります。

　式辞を掲載するときは，上の写真のように，最初に式辞の概要を簡単に示すことをおすすめします。

> 学校ホームページでの発信は，「校長だから」と構えず，まずは無理のないところではじめてみよう。式辞や講話をアップすると，データベース的な活用など，プラスαのメリットも。

校長

長いだけで記憶に残らない講話から脱却する

書籍『校長の専門職基準』(日本教育経営学会実践推進委員会編,花書院)に,福岡県教頭288名へのアンケートで,十分に身についていない知識・能力について尋ねた結果が掲載されています。その1位は「校長講話」です。読者の中にも「講話で話すネタがない…」と困っている方は案外多いのではないでしょうか。

多くを語らない

地域の方などに,ご自身が子どものときの校長先生の話について覚えていることを尋ねると,必ず「長かった」という言葉が返ってきます。話の内容はまったく記憶されておらず,長かったということだけは覚えられているのです。

これは,講話に「あれもこれも」といろいろなことを盛り込み過ぎてしまうことが原因です。**あれもこれも伝えようとすると,あれもこれもすべて伝わらない**のです。まずは「多くを語らない」という決意をしましょう。

話す内容を1つに絞る

当然のことですが,話す内容を絞ると講話はシャープになります。話す内容は原則1つ,多くても2つまでと決めておきましょう。

1つに絞るわけですから,内容がより重要になります。内容を決めるときに最初に頭に浮かべるとよいことは,近々行われる学校行事に絡めて話せないかということです。

文化祭が近づいていれば，文化祭を話材にするのです。そのときに参考にするとよいものがあります。**職員会議で合意された文化祭の要項**です。特に「文化祭のねらい」を確認します。文化祭のねらいを達成するために学校全体が動いているわけですから，校長講話はその動きを価値づけたり，支援したりするものにすればよいのです。

　例えば，「文化祭のねらい」をそのまま読み上げて，その実現に向けて動いている具体的なエピソード（例えば，文化祭実行委員の動きなど）を入れたうえで，「全校で力を合わせていこう」など，呼びかけの言葉を入れればよいのです。

繰り返すことは手を抜くことではない

　講話の内容は，毎回新しいものにする必要はありません。1学期の始業式に話したことを2学期の集会でも話したからといって，手を抜いたことにはならないのです。ある意味，そのようなことはあって当然です。一度きりで伝わるはずはありませんし，話した後の子どもたちの変化をどうとらえているかを伝えることも重要です。

　「私が1学期の始業式で話したことを，君たちがどれだけ意識しているのかとずっと見てきましたが…」といった前置きをしたうえで，1学期に伝えた内容を改めて押さえ，子どもたちの変化を評価すればよいでしょう。その際に重要なのは，**子どもたち（教師も）が納得できる事実に基づいて話をする**ということです。印象ではなく，きちんとした事実に基づいて伝えるからこそ，子どもたちの心にも響くのです。

校長講話を改善するために，まずは「多くを語らない」という決意を。講話のネタは学校行事の文書などにたくさん眠っている。同じ話をする＝手を抜く，ではないことも意識しよう。

校長

時間をかけずに教職員のことを深く理解する

一人ひとりの教職員について深く理解することは、校長の重要な役割です。特に、新年度に異動してきた教職員とはできる限り早めにコミュニケーションをとり、つながりをもつべきですが、そればかりに時間をかけているわけにもいきません。ここでは、なるべく余計な時間をかけずに教職員のことを理解する方法を紹介します。

履歴書を見る

　教職員を理解するための方法で、意外に使われていないものがあります。それは履歴書を見ることです。履歴書は重要文書の1つで、金庫に保管されているため気軽に見ることができず、教職員理解のための資料として視野から外れてしまっているようです。

　私は4月の早い時期に校長室に履歴書を持ち込み、一人ひとりの記載をじっくり眺めるようにしてきました。

　これまでに赴任した学校を知るだけでも、十分相手のことを理解するきっかけになります。経験を重ねてきている教職員の中には、一般的な異動間隔と違う人もいます。詳細な事情まで知る必要はありませんが、機会があれば、その理由を本人に聞いてみるとよいでしょう。**自ら語りにくい事柄をあえて尋ねることで会話が進むということもあるもの**です。

職員室での人間ウォッチング

　学級担任は、教室で子どもたちの様子を見続けていることで、その子の人

間関係やその子自身の性格などがわかるようになります。これは校長にも当てはまることで，**職員室で教職員の様子をしっかり見ていれば，その職員のことがある程度わかるようになります。**

　職員室での表情はどうか，だれとコミュニケーションをとっているのか，若手であれば，先輩に積極的にアドバイスを求めているかどうかなどを観察しているだけで，その教職員の人となりがつかめます。

　これは，学年主任などのミドルリーダーについても同様です。どのような指示を，どのような表情で出しているのかを見ているだけで，リーダーとしての力量を読み取ることができます。また，コミュニケーション力も把握することができます。

　このように，職員室での人間ウォッチングは，教職員のことを理解するうえでの有効手段です。

校内巡回で垣間見る

　教職員の教室での様子をチラ見するだけでも，意外に多くの情報が得られます。例えば，**一歩教室に入ると，職員室での様子と大きく違う人がいます。**教師は役者でなければならないと言われますが，子どもの前で見事に演じることができる人がいるのです。

　また，校長として，授業という教師にとって最も重要な仕事の様子を知るのはとても大切なことです。短時間でもよいので，校内巡回し，少し教室をのぞいてみることをおすすめします。

意外に見落とされがちだが，履歴書は教職員理解の重要ツール。職員室での人間ウォッチングや校内巡回中のチラ見で，余計な時間をかけずにより深く教職員のことを知ろう。

校長

「他律的自律」で学び続ける

「進みつつある教師のみ教える権利あり」という言葉を耳にしたことがあるでしょうか。校長になっても，常に進みつつありたいと思います。しかし，「業務は多岐にわたり，人事や保護者対応等で神経を使うことも多く，とても前には進めない。現状維持が精一杯」という方もいるでしょう。そこで，前に進むための学びのヒントを紹介します。

無理やり届く情報を吸収する

　学び続けるには，外部からの定期的な刺激が必要です。野口芳宏先生は，「他律的自律」と言われています。**理想を言えば自律的に学ぶことですが，それはなかなかできないので，他から律してもらう**ということです。

　その1つの方法が，メルマガに登録することです。例えば，文部科学省では，「新着情報メールマガジン」（文部科学省ホームページの新着情報を配信するサービス）や「初等中等教育局メールマガジン」（初等中等教育行政について最新の情報がいち早く届くサービス）があります。

　「新着情報メールマガジン」は，ほぼ毎日届きます。中央行政のことは私には関係ないと思われる方もいるでしょう。多くの情報はその通りですが，校長として知っておかなければならない大切な情報も流れてきます。

　例えば，平成28年1月12日付新着情報メールの項目には，「教育課程部会総則・評価特別部会（第3回）配付資料」というものがあります。これは，次期学習指導要領を検討している中教審の部会の資料で，今後の評価のあり方が記されているので，管理職であれば先んじてつかんでおくべき情報であ

ると言えるでしょう。

　校長とはいえ，毎日，文部科学省のサイトを訪問する人はなかなかいないと思います。しかし，メールマガジンを登録しておけば，向こうから情報が飛び込んでくるのです。ぜひ登録することをおすすめします。

研究会に所属する

　これも「他律的自律」の一例です。研究会に所属すると，何かしらの情報が届くようになります。研究大会やセミナーの案内，書籍紹介などがメールや文書で届くようになります。その研究会が取り組んでいる分野の最新情報が手に入るわけですから，それを眺めるだけでも，所属していないときに比べると学びは広がります。

　また，実際に研究会に出かけてみると，仲間ができる機会が生まれます。**他地域の情報を知るためにも，広域での交流は重要**です。大いに刺激も受けることでしょう。

定期購読をする

　教育系の雑誌や新聞を定期購読しているでしょうか。「目を通す時間がないので購読していません」という方も多いと思います。専門誌は時流に則った最新の情報をとらえています。例えば，私が「アクティブ・ラーニング」についてはじめて知ったのは，教育雑誌でした。学びのきっかけを得るためにも，教育系の雑誌や新聞の購読をおすすめします。熟読する必要はなく，**小見出しを眺めるだけでも，情報収集に役立ちます。**

> 多忙な毎日の中で，自律的に学び続けることは難しいので，「他律的自律」で学ぼう。メールマガジン，研究会への参加，教育系の雑誌や新聞など，様々な手段がある。

校長

最小限の文房具を定位置に置く

「時間術の本なのに,文房具の使い方?」と不思議に思われるかもしれません。しかし,日常を思い出してください。文房具を使う前に,その文房具を探すことに時間をかけていないでしょうか。毎日使う文房具を探す時間をなくすことは,すなわち日々の時間の浪費をなくすことであるといえます。

必要最小限に絞る

あるとき,ペン立ての中から,使おうと思うペンを取り出すのに時間がかかってしまい,ペンを使っている時間より,探している時間の方が圧倒的に長いことを痛感し,自分が情けなくなりました。

そこで,文房具は必要最小限に絞ることにしました。少なくとも,机上に置く文房具は,いつも使うものだけにしておきます。ごく単純なことですが,**意識しておかなければ,文房具はどんどん増えていきます。**

例えば,右の写真のペン立ては年に1,2度使うかどうかというものまで立ててあります。よく使うのは,4色ボールペン,蛍光ペン,太めの水性ペン,ハサミの4種類だけです。それなのに,ほとん

ど使わないものがその3倍も立ててあり，必要な文房具を取り出すことを阻害しているのです。1回探し出すのにかかる時間はわずかかもしれませんが，毎日何度も使うものですから，「塵も積もれば山となる」です。

この後，右の写真のように，ペン立てに立てる文房具を，先にあげた4種類に絞りました。すっと取り出せるだけでなく，文房具が元の位置に戻っているかどうかも瞬時にわかり，便利です。

定位置に置く

文房具を定位置に置く。これも**むだな時間を生み出さないコツ**です。

私は，ペン立てを机上の右隅に置くことに決めています。定位置としているので，すっと手が伸びます。使用後も必ずペン立てに戻すようにします。定規は，机の引き出しの一番手前に入れてあります。必要なときに，迷わず取り出すことができます。

定位置であることのよさは，例えば，家族が使用した後などに実感できるでしょう。定位置に戻っていなかったために，家族に「どこに置いたの？」と尋ねると，「わかるように机の上に置いたのだけど…」と言われて，目の前の探しものがはじめて目に入った，という経験はだれにもあるはずです。

> 毎日頻繁に使う文房具を探す時間は惜しい。まずは，文房具を必要最小限に絞り，定位置に置くことで，むだな時間を生み出さないようにしよう。

第6章

リーダーとしての資質を高めるための時間術

教育に関する学びを深める

どの地域にも教職員によって組織される教育研究会があります。教科や校務分掌の関係で自動的に組織される研究会です。しかし，私がここでいう研究会は，その種のものではありません。教育団体が組織している自主的な研究会のことで，いわゆる学会も含みます。こうした研究会に所属することで，学びは深くなり，広がります。

研究会に参加する

　教育団体が立ち上げている研究会はごまんとあります。どの研究会に参加したらよいかと迷うこともあるでしょう。**研究会ホームページで活動内容を確かめたり，親しい方が研究会に参加されておられれば聞いてみたりするとよい**でしょう。
　実は，私は有志で「愛される学校づくり研究会」を立ち上げました。いろいろ調べたのですが，自分が求める情報を得たり，協議したりできる研究会を探すことができず，それならば自ら研究会を立ち上げたらよいと考えたのです。研究会を勤務時間外に有志で学ぶ会ととらえれば，自分たちで立ち上げることは十分にできます。

研究会の成果

　上記の「愛される学校づくり研究会」での成果はいろいろありますが，その1つは「授業アドバイスツール」の開発です。
　このツールは，授業観察者のために開発しました。簡単に言うと，タブレ

第6章　リーダーとしての資質を高めるための時間術

ットで授業映像の記録中に，その画面にフリーハンドで〇をつけておくと，その〇をつけた授業映像の前後10秒間ほどが瞬時に再生されるものです。

研究会には校長や教頭，指導主事など，授業をするよりも，授業観察をして助言をする立場にある人が多く所属しています。そういった方々と日頃の授業観察の状況について意見交換をしているときに，**話し合いの中で授業映像を活用できないのかという考えから生まれたアイデア**です。

🕐 ネットで結びつき，互いに発信する

今は，ネット上のみで運営されている研究会もあります。参加できる地域が限られることがないので，多くの志をもった方々が集まり，様々な研究が行われています。

「愛される学校づくり研究会」も，ホームページで教育コラムや開催したフォーラムの状況を発信しています。その情報がきっかけとなり，また新たな人と結びつくこともあります。

このように，**今は求めれば学校外にいくらでも学ぶ場がある時代**です。

> 自主的な研究会に参加してみよう。様々な立場の人との交流を通して大きな成果を得られることもある。ネットも活用すれば，学びの場はいつでも得ることができる。

教育界の外の世界を知る

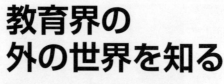

教育委員会が主催するいわゆる官製研修だけでなく，ビジネスセミナーに参加されたことはあるでしょうか。ビジネスセミナーには，社会人として求められるスキルや考え方などを学ぶ様々な講座があります。ネットで検索すると，多種多様な情報を得ることができるので，興味がわいたセミナーに一度参加してみることをおすすめします。

ビジネスセミナーで学ぶ

「ロジカルシンキング1000本ノックセミナー」というビジネスセミナーに参加したことがあります。セミナーのタイトルに魅力を感じたからです。そして，セミナーでの厳しい指導で，より論理的に物事を考えることができる人間に変容できると思ったからです。セミナー参加費，交通費など，結構な出費でしたが，大いに期待して参加しました。

このセミナーで，授業で取り入れると効果があると実感し，それ以後行ったことがあります。それは「エレベータートーク」というものです。1時間ほど講義を聞いた後，講師から「では，ペアをつくって『エレベータートーク』をしてください」という指示がありました。

初参加で，「この『エレベータートーク』がよくわかりません」と質問したところ，次の説明がありました。

「皆さん，社長と話す機会はなかなかありませんよね？　でも**エレベーターで出会い，1階から40階まで上がる時間で，社長と話す機会があるかもしれませんよ**。そのときに自分の考えをシャープに話せなくてはいけません。

このような発想から生まれたのが『エレベータートーク』です」

学んだことを授業に生かす

ここでの「エレベータートーク」は，これまで講義で聞いたことを，資料やメモなどを一切見ず，頭の中にあることだけで相手に30秒で話す取り組みでした。**「頭の中にあることこそ，講演の中で納得できた事柄です」**と言われました。

この体験で，エレベータートークのよさがよくわかりました。それ以後の授業では，エレベータートークを積極的に取り入れました。例えば，授業の振り返り時です。今日の授業で学んだことを子ども同士でエレベータートークさせたのです。振り返りの時間が一気に充実しました。

人とのつながりを得る

「いのちを感じる（「か」），生き方や働き方を思う（「お」），人と志をつなぐ（「つ」）場」が提供された「『か・お・つ』セミナー」に参加したこともあります。働く意味，縁，幸せ，家族などについて熟考する時間となりました。このセミナーで小児がんを克服した方と出会い，**この方を学校に招いて生き方を学ぶ「ゲスト道徳」が実現しました。**

このように，教育に直接関係がないと思われるセミナーでも，教育活動に生きる人とのつながりを得ることができます。

> リーダーともなれば，官製研修だけでなく，身銭を切って自ら外部の研修に参加することも時には必要。ビジネスセミナーでも，教育活動に生きるヒントや人とのつながりを得ることができる。

非日常の時間をもつ

スクールリーダーになると，土日も何かしら校務が入り，しっかり休めないことが多いのではないでしょうか。しかし，多忙とはいえ，学校と家庭の往復だけの毎日では寂しいものです。そこで，時には映画，コンサート，演劇，ミュージカル，寄席，文化講座などに出かけ，非日常の時間をもつようにしたいものです。

ネット予約で楽々

せっかく映画館に出かけても，チケット購入で並んだり，満席で見られなかったりしたのでは，**貴重な時間がむだになり，かえってストレスをためることになります。**

最近は，映画館もコンサートや演劇のように指定席がネット予約できるようになっています。休日を有意義に過ごすためにも事前予約をおすすめします。

寄席のすすめ

次項で詳しく紹介しますが，落語を含め，色物（彩りとして演じられる漫才・曲芸・奇術・声色・音曲など）も楽しめる寄席へ一度足を運んでみることをおすすめします。

そもそも寄席をご存じない方が多いと思いますので説明します。東京や大阪では，一年中いつ行っても開いている定席の寄席があります。例えば，東京では「鈴本演芸場」「浅草演芸ホール」「新宿末廣亭」「池袋演芸場」，大阪

第6章　リーダーとしての資質を高めるための時間術

には「天満天神繁昌亭」があります。名古屋では，最近，「大須演芸場」が再開されました。

　通常，寄席は「昼の部」と「夜の部」があります。木戸銭（いわゆる入場料）は3,000円前後です。以下は，新宿末廣亭のある日の番組です。3,000円で，12時から16時30分までの4時間30分も楽しめるのです。しかも，昼夜入替なしですから，夜の部（17時から21時）までいることもできます。ビジネスマンの中には，時間調整のために寄席に入る方も多いようです。**のんびりできるとても安価な場所**と言えます。

昼の部（12:00〜16:30）

- 落語　交互　柳亭小痴楽／瀧川鯉斗
- 曲芸　やなぎ南玉
- 落語　寿・二つ目昇進　昔昔亭喜太郎
- 落語　交互　瀧川鯉橋／春風亭傳枝
- ギタレレ　ぴろき
- 落語　瀧川鯉朝
- 漫才　交互　ナイツ／カントリーズ
- 落語　三遊亭遊之介
- 落語　桂竹丸
- 紙切り　林家今丸
- 落語　三遊亭円輔
- ―お仲入り―
- 漫才　交互　東京太・ゆめ子／春風亭柳若
- 落語　三遊亭遊吉
- 落語　林家南なん
- 曲芸　ボンボンブラザーズ
- 昼主任　瀧川鯉昇

録画番組を楽しむ

　録画をしておいたテレビ番組を見るのもよいでしょう。私は，**キーワード設定で好みの番組を自動録画しています**。演劇，コンサート，討論会などに出かけたときと同じ感覚で貴重な時間を楽しんでいます。

> スクールリーダーの毎日は忙しいが，文化的な催し物に出かけるなどして，日常から離れる時間を意図的につくろう。一日のんびり楽しむなら，寄席は穴場のおすすめスポット。

話術と
ユーモアを
磨く

スクールリーダーには，何かと人前で話す機会があります。教職員だけでなく，保護者や地域の方々と対象は様々で，同じような内容でも，話し方を変えるなどの工夫は必要です。しかし，相手の状況に合わせて話すのは簡単ではありません。そういった話術を磨くうえで参考になるのが落語です。落語はユーモアのセンスを磨くことにも役立ちます。

教育的にも優れた噺「親の顔」

　「落語は高齢者が聞くものだ。漫才やコントのようなスピード感がなく，聴いているのが耐えられない」と思い込んでいる方は多いようです。そういう方には，ぜひ立川志の輔の「親の顔」という落語を聴いてみることをおすすめします。必ず落語のイメージが変わると思います。

　この噺の中では，父親と子どもと担任が，テストの解答を話題に，ユーモアあふれる会話をします。0点をとった子どもが，自分の解答の正当性を述べていくのですが，これがどれも「なるほど」というものなのです。そして，父親が先生に「これ合ってんじゃないですか？」といちいち逆質問します。

　教師であれば，**「こういうふうに考える子どももいるかもしれない。ひょっとしたら，子どもの豊かな発想を自分がつぶしているかもしれない」**と思わされる，教育的にも優れた落語です。

　私は，大学時代に落語研究会に所属していたことから，地域でこの「親の顔」を演じることがありますが，いつも大笑いしていただきます。中には「実話ですか？」と聞かれる方もいるほどです。

落語は聴き手に想像させる芸

　落語は，高座で１人で話す芸です。芝居のように何人もの人が登場したり，道具を使ったりしません。語りだけで，聞き手に何人もの登場人物を想像してもらったり，情景を思い浮かべてもらったりしなければなりません。

　私は普段，この落語の手法を取り入れて話をすることが結構あります。例えば，保護者に文化祭のねらいを説明する場面です。

　「本校の合唱祭のねらいは，すばらしい合唱をつくることだけでなく，合唱を通して，集団で１つのものをつくり上げる楽しさと苦しさを味わわせることです」

と話すより，

　「毎年，合唱祭本番までに，職員室では『もうやってられません！　先生，指揮者はやめさせてください。なぜ私だけ苦しまなければいけないのですか！』（実際に言っているように話します）といった激しい訴えが必ず聞かれます。私はこの言葉を聞くと，『今年の合唱祭も順調に生徒が育っているな』と思います。合唱祭のねらいは…」

と語った方が，職員室で涙を流して訴えている生徒の姿が目に浮かび，聞き手の心に響くことでしょう。

　その他にも，聴衆のつかみ方や間のとり方など，落語からは多くの話術を学ぶことができますが，情景が思い浮かぶように語る話術が，教師としては一番役に立つと思っています。

　ぜひとも落語をお聴きになることをおすすめします。

人前で話をすることは，スクールリーダーの重要な仕事。その話術を磨くうえで大いに参考になるのが落語。特に，情景が思い浮かぶように語る話術を身につけるうえで最高の教材になる。

【著者紹介】

玉置　崇（たまおき　たかし）

1956年生まれ。公立小中学校教諭，国立大学附属中学校教官，中学校教頭，校長，県教育委員会主査，教育事務所長などを経て，2012年度から3年間，愛知県小牧市立小牧中学校長。2015年度より岐阜聖徳学園大学教授。

文部科学省「教育の情報化に関する手引作成検討会」構成員，「学校教育の情報化に関する懇談会」委員，中央教育審議会専門委員を歴任。

著書に『スペシャリスト直伝！　中学校数学科授業成功の極意』（明治図書，単著），『中学1～3年の学級づくり　365日の仕事術＆アイデア事典』（明治図書，編著），『主任から校長まで　学校を元気にするチームリーダーの仕事術』（明治図書，単著），『実務が必ずうまくいく　中学校長の仕事術　55の心得』（明治図書，単著），『「愛される学校」の作り方』（プラネクサス，共著），『思いを届ける学校ホームページ』（プラネクサス，共著）など，多数。

仕事に押し潰されず，スマートに学校を動かす！
スクールリーダーのための「超」時間術

2016年9月初版第1刷刊	©著　者	玉　置　　　崇
	発行者	藤　原　光　政
	発行所	明治図書出版株式会社
		http://www.meijitosho.co.jp
		(企画)矢口郁雄　(校正)大内奈々子
		〒114-0023　東京都北区滝野川7-46-1
		振替00160-5-151318　電話03(5907)6701
		ご注文窓口　電話03(5907)6668
＊検印省略	組版所	長　野　印　刷　商　工　株　式　会　社

本書の無断コピーは，著作権・出版権にふれます。ご注意ください。

Printed in Japan　　　　ISBN978-4-18-228317-8
もれなくクーポンがもらえる！読者アンケートはこちらから　→

実務が必ずうまくいく 研究主任の心得55

藤本 邦昭 著
Fujimoto Kuniaki

A5判／132頁
1,760円+税
図書番号：1745

校内研修の計画書づくりから、研究授業、研究発表会のプロデュース、職員の負担感の軽減まで、研究主任業務の表も裏も知り尽くした著者が明かす、実務の勘所と必ず役に立つ仕事術。若葉マークの研究主任も、この1冊さえあればこわいものなし！

実務が必ずうまくいく 教務主任の心得55

佐藤 幸司 著
Sato Koji

A5判／128頁
1,800円+税
図書番号：0150

必ず覚えておきたい法規の基礎知識から、教育課程を円滑に編成するためのステップ、知っているだけで仕事が数段楽になるPC活用法まで、現役スーパー教務主任が明かす実務の勘所と必ず役に立つ仕事術。若葉マークの教務主任も、これさえあればこわいものなし！

明治図書　携帯・スマートフォンからは **明治図書 ONLINE** へ　書籍の検索、注文ができます。 ▶▶▶

http://www.meijitosho.co.jp　＊併記4桁の図書番号（英数字）でHP、携帯での検索・注文が簡単に行えます。

〒114-0023　東京都北区滝野川7-46-1　ご注文窓口　TEL 03-5907-6668　FAX 050-3156-2790

＊価格は全て本体価表示です。

実務が必ずうまくいく 中学校長の仕事術 55の心得

玉置 崇 著
Tamaoki Takashi

A5判／144頁
1,800円+税
図書番号：1967

（株）学校の社長である校長には、社員（職員）の管理のみならず、株主（保護者や地域）への説明責任も強く求められる。学校内部の結束を確かなものにしつつ、学校広報や特色ある取り組みにも挑み続けてきたスーパー校長の仕事術を大公開！　使える校長講話も多数収録。

実務が必ずうまくいく 副校長・教頭の仕事術 55の心得

佐藤 正寿 著
Sato Masatoshi

A5判／128頁
1,760円+税
図書番号：1861

引き継ぎの仕方から、必要な法規の知識、教職員・校長との関係のつくり方、保護者・地域との連携まで、現役スーパー副校長が明かす必ず実務で役に立つ仕事術。激務のイメージが強い副校長・教頭の仕事もこの1冊で勘所を押さえればこわいものなし！

明治図書　携帯・スマートフォンからは **明治図書 ONLINE** へ　書籍の検索、注文ができます。▶▶▶
http://www.meijitosho.co.jp　＊併記4桁の図書番号（英数字）でHP、携帯での検索・注文が簡単に行えます。
〒114-0023　東京都北区滝野川7-46-1　ご注文窓口　TEL 03-5907-6668　FAX 050-3156-2790

＊価格は全て本体価表示です。

主任から校長まで学校を元気にする チームリーダーの仕事術

玉置 崇 著

職員の心を動かすとっておきのフレーズ、仕事が驚くほどうまく片づく時間のやりくり、職員室の雰囲気づくり…など、スーパー校長が明かすとっておきの仕事術。学年主任から教務主任・研究主任、教頭・校長まで、学校の中核を担うチームリーダー必読の1冊。

もくじ

- 序章 「いい学校」とは何か？
- 1章 職員の働きやすさはリーダーの仕事にかかっている
- 2章 職員のパフォーマンスを上げるリーダーの仕事術 10
- 3章 職員のチーム力を上げるリーダーのスキル 10
- 4章 役職別学校のリーダーの仕事術

何かあったら相談してください
では職員は動かない
校長まで伝えたら
あなたの責任は0%
と躊躇なく言いきれ！

148ページ／A5判／1,800円+税／図書番号：1458

明治図書　携帯・スマートフォンからは **明治図書 ONLINE へ**　書籍の検索、注文ができます。　▶▶▶
http://www.meijitosho.co.jp　＊併記4桁の図書番号（英数字）でHP、携帯での検索・注文が簡単に行えます。
〒114-0023　東京都北区滝野川7-46-1　ご注文窓口　TEL 03-5907-6668　FAX 050-3156-2790

＊価格は全て本体価格表示です。